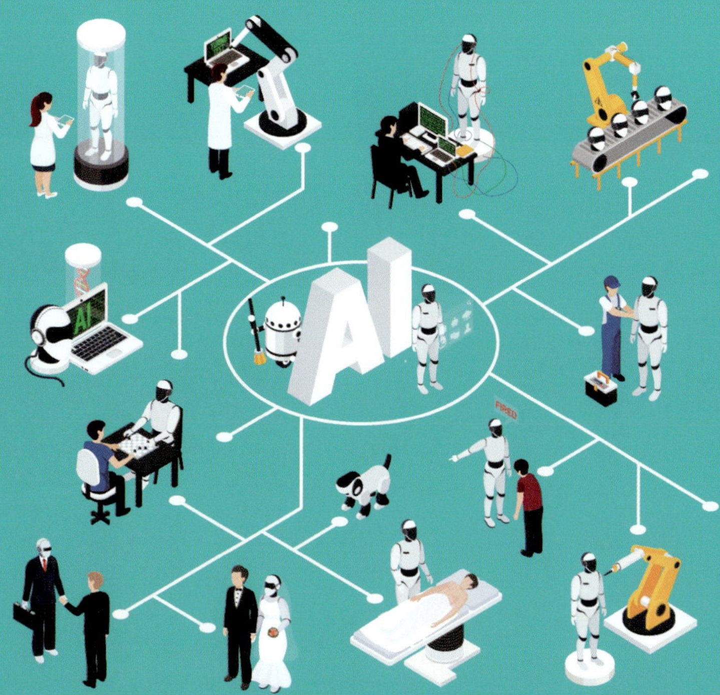

AI 시대 소통의 기술

임성은 지음

양성원

/머/리/말/

AI시대는 인간과 AI가 함께 공존하는 시대이다. AI 시대라고 해도 소통의 중요성은 여전히 강조된다. 오히려 소통은 더욱 중요하다고 볼 수도 있다. 왜냐하면 AI가 빠르게 발전하면서 인간-인간, 인간-AI, AI-AI 간의 다양한 소통 문제가 새롭게 등장하고 있기 때문이다. 이러한 문제를 해결하고, 기술 발전을 바람직하게 이끌기 위해서 핵심적인 역할을 하는 것이 바로 소통이다. 소통(疏通)이란, 서로 뜻이 통하여 오해가 없음으로 막히지 않고 잘 통한다는 것을 의미한다. 현대사회에서는 같은 말을 하더라도 어떤 사람이 어떤 방법으로 하느냐에 따라 소통이 달라진다는 것을 누구나 경험했을 것이다. 특히 코로나 펜데믹이후 AI 시대 '소통(疏通)의 기술'에서 커뮤니케이션이란 단순하게 의미전달의 단계를 넘어서서 AI와 소통하는 스킬과 능력이 필요하다는 점을 인식하게 되었다. 이처럼 AI시대 소통의 기술은 인간과 AI가 함께 공존하는 데 중요한 역할을 할 것이다. 과거 소통의 기술에서 가장 필요한 것을 '화(和)'를 위한 인간관계와 커뮤니케이션으로 꼽았다면 지금 AI시대에서는 '관계형성을 위한 힘'과 함께 '인간과 AI가 함께 협력하고, 새로운 가치를 창출하는 미래'를 만들어 가는 것이 중요하다고 하겠다. 이에 본 저자는 AI시대의 소통의 기술의 책을 집필하게 되었다. AI시대의 소통 기술을 향상시키기 위해 다음과 같은 내용을 구성하였으며, 함께 노력하고 학습하고자 한다.

PART 1에서는 관계형성 소통 커뮤니케이션: 커뮤니케이션에 대한 전반적인 이해를 높이면서 효과적으로 소통하고 관계형성 할 수 있는 커뮤니케이션의 기본적

이론으로 구성하였다.

PART 2에서는 비즈니스 소통 커뮤니케이션: 기본적 의사소통을 바탕으로 비즈니스와 인간관계를 효율적으로 만들어 갈 수 있도록 조직 내 소양과 매너에 대한 내용으로 구성하였다

PART 3에서는 감성적인 소통 커뮤니케이션: 감성적인 소통 능력을 키우면서 아날로그와 AI가 감성적으로 의사소통할 수 있도록 감성적이며 타인과 함께 더불어 소통하는 의사소통을 배울 수 있도록 구성하였다.

PART 4에서는 AI시대 소통 커뮤니케이션: 코로나 이후 인간과 함께 작업을 수행할 수 있는 SNS기반의 커뮤니케이션과 그에 따른 윤리성과 도덕성에 대한 학습과 이해를 통해 AI시대 인간과 기계가 협력적 의사소통을 할 수 있는 전반적인 내용을 다루었다.

AI시대이든 아날로그시대이든 사람이 관계를 형성하여 협업을 하고, 더불어 소통하는 것은 동일한 가치를 어떻게 구현하느냐의 차이일 뿐, 기본적인 휴먼커뮤니케이션과 어쩌면 다르지 않을 것이다. 우리는 휴먼 커뮤니케이션이란 커다란 틀 아래 AI와 공존하고 상생할 수 있는 방법을소통의 기술로 습득하기를 바라면서 구성을 마친다.

2024년 2월

저자 임성은

/ 차 / 례 /

PART 2 비즈니스 소통 커뮤니케이션

PART 3

감성적인 소통 커뮤니케이션

PART 4 AI시대 소통 커뮤니케이션

PART 1

관계형성
소통 커뮤니케이션

Chapter 01 커뮤니케이션의 이해

1. 커뮤니케이션의 개념과 특징
2. 커뮤니케이션의 중요성
3. 커뮤니케이션의 구성
4. 커뮤니케이션 종류

Chapter 02 커뮤니케이션의 스킬

1. 커뮤니케이션 장애요인
2. 커뮤니케이션 기본 스킬

Chapter 03 관계형성의 커뮤니케이션

1. 커뮤니케이션의 갭
2. 상담 커뮤니케이션
3. 코칭 커뮤니케이션

커뮤니케이션의 이해

01 Chapter

학습목표

1. 커뮤니케이션의 개념과 특징을 이해하고 설명할 수 있다.
2. 커뮤니케이션의 중요성을 이해하고 설명할 수 있다.
3. 커뮤니케이션의 구성과 기능을 이해하고 설명할 수 있다.
4. 커뮤니케이션의 종류를 이해하고 설명할 수 있다.

1. 커뮤니케이션의 개념과 특징

커뮤니케이션은 우리 삶의 모든 영역에서 중요한 역할을 하며, 의사소통의 기능뿐만 아니라 사회를 만들고 사람과 사람을 연결시켜 주는 교량 역할을 하고 있다. 커뮤니케이션 능력을 향상시키면 개인, 직업, 사회생활에서 성공할 수 있다는 점을 부인할 수 없다.

커뮤니케이션에서 '소통(疏通)'이란 뜻이 서로 통하여 오해가 없음으로, 막히지 않고 잘 통한다는 것이다. 현대사회에서는 같은 말을 하더라도 어떤 사람이 어떤 방법으로 하느냐에 따라 소통의 결과가 달라진 다는 것은 누구나 경험했을 것이다. 특히 AI시대는 인터넷, SNS, CHAT GPT 등에서 경험했듯히 소통(疏通) 기술에 따라 커뮤니케이션의 효과성과 효율성이 달라진다는 점을 인지하고 있는 게 현실이다. 바람직한 커뮤니케이션은 인간관계에서 문제해결에 도움을 주지만 잘못된 커뮤니케이션은 오히려 많은 문제를 야기한다는 것도 인지하고 있다.

코로나 이후, 우리는 대면과 비대면의 온·오프라인에서 의사를 표현하는 것이 일상화된 커뮤니케이션의 사회에서 살고 있다. 말과 글 이외에 다양한 앱과 도구들로 자신의 상태나 기분을 설명할 수 있으며, 사진이나 이모티콘, 동영상 등으로 자신을 알리고 표시하는 행위는 언어적 표현보다 효과적으로 정보를 전달하는 수단이 되었다.

이처럼 커뮤니케이션은 의사소통과 정보의 교환을 넘어 확장된 다양한 세상으로 나아가고 있다. 사물 인터넷이 그 대표적인 예이며, TTS(Text-to-Speech: 텍스트 음성 변화), 스마트오더 등을 통해 내가 원하는 정보나 서비스를 제공받고 있다. 따라서 기존의 의사소통 형태의 확장과 그 변화를 통해 AI시대의 커뮤니케이션을 활용할 수 있어야 하며, 4차산업시대의 커뮤니케이션의 이해의 확장과 적응을 위해서는 인간에 대한 이해와 휴머니즘의 이해는 선행되어야 할 것이다.

1) 커뮤니케이션의 개념

① 커뮤니케이션의 어원은 라틴어의 'commūnicāre'에서 유래하며 '공유하다', '같이 이야기하다', '협의하다', '대담하다', '상담하다'란 뜻을 가진다. 우리말로 '의사소통'으로 번역하기도 한다.

② 'commūnicāre(명사형: communis)'가 의미하듯이 파생 단어 가운데에는 '공통되는'을 의미하는 common과 '공동체'를 의미하는 community가 있다.[1)] 커뮤니케이션은 결코 혼자 하는 것이 아니며 사회적 존재로서 살아가게 만드

1) [네이버 위키백과] 커뮤니케이션의 의미

는 도구가 된다.[2)]

③ 사전적 의미로는 사람들끼리 생각, 느낌 따위의 정보를 서로 주고받는 것으로 말이나 글, 그 밖의 소리, 표정, 몸짓 따위로 이루어지며 '의사소통' 또는 '의사전달'이라고도 한다.

④ 두 사람 이상 상호 간에 서로 다른 경험과 선호도, 이해의 정도, 사고방식, 교육적인 배경 등의 어떤 특정한 사항에 대해 유사한 의미와 이해를 만들어 가는 과정이다.

⑤ 오늘날의 커뮤니케이션은 수단과 밀접한 관계를 가지며, 보다 신속하고 더 많은 정보를 함축적으로 전달하고자 한 인간들의 노력에 대한 결과들이며, 온라인 커뮤니케이션이 한 예이다.

현대사회는 기록의 시대이기 때문에 온라인의 의견 표현에 신중함과 책임감을 가져야 한다. 과거와 현재, 미래가 연결되어, 과거의 내가 현재의 나를 공격할 수 있으며, 과거의 내가 한 말과 글은 현재나 미래에 다양하게 해석되어 재가공될 수 있고 그 결과, 현재의 자신과 미래의 자신에게 상처가 되거나 나의 논리를 반박하는 근거로 제시될 수 있기 때문이다.

더불어 수많은 정보를 이용하고 인용할 때 그 출처를 명확히 인지하고 검증해서 사용할 필요가 있다. 커뮤니케이션은 자신이 가진 배경정보를 활용할 때 대화가 풍부해지며, 상대방의 배경지식과 매칭시킬 때 대화가 끊어지지 않도록 이끌어 내는 기능도 가진다. 전문지식의 정보를 활용할 때에는 일정 부분 신뢰를 주어 보다 심도 있는 커뮤니케이션을 유도할 수 있기 때문에 정보의 활용은 커뮤니케이션의 중요한 요소 중 하나다. 그러나 그 정보가 오류가 있다거나 일부 견해를 담은 정보를 기반으로 의사소통을 유도한다면 의심과 논리성에서 신뢰를 잃게 되고 나아가 심도 있는 대화가 되지 못하기 때문이다. 특히, 이러한 경향은 온라인과 같은 검증되지 않은 정보를 사용할 때 두드러진다. 따라서 정보를 활용하는 경우에는

2) [네이버 위키백과] 커뮤니케이션의 의미

보다 신뢰가 있고 검증된 출처가 명확한 정보를 활용하고 검증을 통해 재가공된 자신의 견해와 더불어 의사소통하는 배경지식으로 활용해야 한다.

2) 커뮤니케이션의 특징

커뮤니케이션은 단순히 언어나 문자 등에 의한 커뮤니케이션의 수단으로만 이용되지 않는다. 특히 현대사회에서는 커뮤니케이션에 존재하는 내용과 가치를 활용하면서 더 중요해졌다. 과거 인간이 인간에게 하는 커뮤니케이션은 단순히 그 상대방에게 영향을 미치고 피드백되어 자신에게만 영향을 미쳤다면 오늘날 커뮤니케이션은 개인이 발생시킨 커뮤니케이션이 내포하는 의견과 성향을 축적하고 데이터화하여 분석하고 행동 패턴과 새로 발생된 커뮤니케이션에 영향을 미치는 형태로 발전되었다. 나의 말 하나, 나의 행동 하나가 인간을 대표하는 커뮤니케이션의 특성을 반영하고 결과적으로 내가 생각하는 정보의 공유량을 최소화하여 효율성을 극대화하고 있다. 따라서 성향 분석을 통해 내가 의사소통을 하지 않더라도 내가 필요한 의사소통이 자동적으로 이루어지는 시대를 살아가고 있음을 기억해야 한다.

① 커뮤니케이션은 상징적 과정이다.
② 커뮤니케이션은 서로의 존재를 확인하는 과정이다.
③ 커뮤니케이션은 개인별 해석이 가능하다.
④ 커뮤니케이션은 상황의 영향을 받는다.
⑤ 커뮤니케이션에서 한 번 뱉은 말은 주워 담을 수 없다.

Worksheet

1. 커뮤니케이션의 어원과 특징에 대해서 정리하시오.

2. 커뮤니케이션의 특징에 대해 느낄 수 있었던 경험 사례를 공유하시오.

2. 커뮤니케이션의 중요성

인간은 다른 사람과의 다양한 관계와 상황 속에서 살아가며, 커뮤니케이션은 개인과 사회, 조직의 모든 영역에서 필수적인 요소이다. 커뮤니케이션을 통해 우리는 자신의 생각과 감정을 표현하고, 정보를 교환하고, 관계를 형성하고, 협력을 이끌어 낼 수 있다.

조직 내 사람과 사람 사이에서도 인간관계를 형성할 수 있으며, 서로 협력하여 조직의 목적을 달성하는 관계형성은 효율적인 관계라고 할 수 있으며, 좋은 인간관계는 조직의 효율성을 통한 성장과 조직의 생산성을 향상시키는 원동력이 될 수 있다. 이처럼 커뮤니케이션의 상호작용은 인간의 삶에서 행복과 성공을 결정하는 중요한 역량이기도 하지만, 때로는 곤란한 상황을 만들기도 한다는 점을 기억해야 한다.

1) 커뮤니케이션의 기능

커뮤니케이션의 상황에 따라 이성적 기능과 감성적 기능으로 분류될 수 있다. 예를 들어, 비즈니스 환경에서의 커뮤니케이션은 주로 정보 전달, 협력, 동기 부여, 설득 등의 이성적 기능이라면, 개인적인 관계에서의 커뮤니케이션은 주로 관계 형성, 정서 표현, 공감 등의 감성적 기능을 수행한다.

효과적인 커뮤니케이션을 위해서는 각 기능을 이해하고, 상황에 맞게 적절하게 활용하는 것이 중요하다.

〈표 1-1〉 커뮤니케이션 기능

기능	요소	내용
이성적 기능	생존과 적응	• 인간관계에서 기브 앤 테이크로 서로가 무엇을 주고받는 교환관계는 인간관계의 속성이며, 정보를 주고받음으로써 현실적 도움과 인간관계를 촉진시킨다. • 세대와 조직의 존속과 조직생활에 적응하는 데 필수적 요소이다.
	구성원 통제	• 구성원의 행동을 조정하고 통제하며, 동기부여 한다. • 내가 원하는 대로 상대방을 행위(또는 thinking)하도록 한다.
	의사결정 촉진	• 의사결정에 필요한 정보를 공유하고 제공하여 의사결정하도록 한다.
감성적 기능	자기 공개	• 자신을 솔직하게 드러내게 되면 서로 친해지게 된다. • 상대방에게 자신에 대해 털어놓고, 상대방에 대하여 알게 되는 것은 관계를 깊이 있게 유지하도록 한다.
	공감과 지지	• 인간은 누구나 생각하는 대로 공감받기를 바란다. • 자신의 고통, 갈등, 문제, 고민 등을 공개할 수 있고, 타인으로부터 이해받고 타인을 위로하며 이해한다.
	체험의 공유	• 취미나 관심사, 비전과 가치관, 인생관, 종교관, 문학적 체험 등이 같은 사람들은 대화를 통해서 서로의 생각에 대한 공감과 지지를 받을 수 있으며, 타인과 나누는 재미와 즐거움은 관계를 유지하는 주요한 요인이 된다.

2) 커뮤니케이션의 목적

커뮤니케이션의 기능과 목적은 서로 밀접하게 관련되어 있으며, 커뮤니케이션의 기능을 통해 목적을 달성할 수 있다.

(1) 설득

상대방의 가치관이나 신념, 태도를 자신이 의도하는 방향과 일치하도록 변화시키거나 재강화 할 수 있다. 이를 통해 상대방으로 하여금 자신이 주장하는 바를 믿고 따르거나 특정 행동을 하도록 한다. IR(Investor Relation), 제안 프레젠테이션, 비즈니스 문서, 오디션 프로그램, 소견발표, 구직면접 등이 있다.

(2) 동기부여

정보 전달, 의견교환, 관계 구축, 서로에 대한 신뢰와 이해를 형성, 유대감을 형성하고, 협력할 수 있으며 이를 통해 사람들은 서로의 목표를 공유하고, 목표를 달성하기 위해 노력하고, 서로의 자원을 활용하고 동기부여 할 수 있다. 연설, 강연, 인사말씀, 격려와 축하 말 등이 있다.

(3) 감정표현

감정의 표현과 상대방에게 열정과 의욕, 즐거움을 불러일으킬 수 있다. 칭찬, 격려, 지지 등으로 에너지를 불러일으킬 수 있으며 시무식, 종무식에서의 스피치, 격려사, 결혼식 주례사, 각종 모임에서의 건배사 등이 있다.

3. 커뮤니케이션의 구성

1) 커뮤니케이션 모델 이론

(1) 쉐넌-위버 모델

쉐넌-위버 모델은 전달자가 송신기라는 도구를 통해 채널로 보내면 수신기를 통해 정보를 받는 과정을 의미한다. 이는 대표적인 커뮤니케이션의 모델로 정보 전달 체계를 구체적으로 설명하는 것이다.

이 모델의 경우 정보 전달 과정에서 오류가 생길 수 있는 것에 대해 설명하는데, 정보를 전달하면서 여러 단계를 거치기 때문에 그 과정에서 다른 것들이 개입되면서 오류가 발생한다고 말하고 있다. 이 모델은 정보 전달 과정뿐만 아니라 그 과정 속에서 생기는 오류 발생이 있음을 설명한다.

(2) 벌로 모델

벌로 모델은 SMCR 모델로도 불리며, 커뮤니케이션의 과정에서 핵심이 되는 4개를 설명하였다. 전달자(Sender), 메시지(Message), 채널(Channel), 수신자(Receiver) 4가지이다.

이 모델은 SMCR 중 핵심 요소를 채널(Channel)이라고 말하고 있다. 전달자가 어떤 내용의 메시지를 전달하는 것이 중요한 것이 아니라 그 메시지를 채널을 통해 어떻게 받아들여서 다시 받는 자에게 전달하느냐가 중요한 것이다.

채널은 메시지를 받았을 때 그 메시지를 받아들이는 과정이다. 즉, 메시지를 흔히 말하는 오감을 통해서 어떻게 받아들이고 이를 다시 어떻게 전달하느냐는 것이다. 이 모델은 외부의 개입보다는 채널 그 자체의 정보 해석에 초점을 맞춘 모델이라 말할 수 있다.

〈표 1-2〉 SMCR 모델

전달자(S: Sender)	메시지를 주는 사람
메시지(M: Message)	전달하고자 하는 내용
채널(C: Channel)	메시지 전달의 통로나 매체
수신자(R: Receiver)	메시지를 받는 사람

(3) 스키마 이론 모델

스키마 이론 모델은 커뮤니케이션의 과정에서 자신이 받아들이고 싶은 정보를 선별적으로 받아들인다는 것이다. 기존 모델들은 의사 처리 과정 및 외부 개입, 정보 해석에 초점을 맞췄다면 이 모델의 경우 정보가 왜곡되는 문제가 아니라 방대한 양의 정보를 자신이 필요한 것만 걸러 내 받아들인다는 것에 초점을 맞추고 있다.

현대사회는 무수한 정보들이 여러 다양한 매체로부터 쏟아지고 있어 이러한 정보들을 자신이 어떻게 받아들이냐가 중요하다. 사람의 뇌는 한계가 있고 그에 따라 정보를 받아들일 수 있는 양 또한 한계가 있기 때문에 자신에게 필요한 것만 받아들이는 능력이 무엇보다 중요하다.

2) 커뮤니케이션의 구성 요소

벌로는 전달자(Sender), 메시지(Message), 채널(Channel), 수신자Receiver)를 의미하는 SMCR 모델(벌로의 모델)로 불리며, 커뮤니케이션의 과정에서 핵심이 되는 4개를 설명하였으며, 여기에 암호화, 해독, 피드백, 장애요소 4개를 추가하여 총 8개의 요소로 구성한다.

(1) 전달자

전달자란 커뮤니케이션의 과정에서 첫 시작점을 의미한다. 전달자가 어떻게 전달하느냐도 의사소통 과정에서 아주 중요하며 전달자가 받는 자에게 정보를 제대로 전달하려면 여러 수단이나 표현 등이 알맞아야 한다.

전달자는 정보를 받는 자가 정보를 쉽게 받아들일 수 있도록 어떠한 매체를 이용하고 어떤 방식으로 전달할지 고민하고 전달하는 것이 필요하다. 그렇기 때문에 첫 시작점인 전달자의 역할이 의사소통에 있어 가장 중요하다 말할 수 있다.

(2) 수신자

수신자는 정보를 최종적으로 받아들이는 사람을 의미한다. 수신자 또한 의사소통 과정에서 전달자 못지않게 아주 중요하다. 전달자가 아무리 정보를 쉽고 제대로 된 매체를 통해 전달한다 하더라도 받는 자가 해석을 달리하여 받아들인다면 전달자의 노력이 헛수고가 될 수도 있기 때문이다.

그래서 정보를 받는자 또한 전달자의 특성에 따라 정보를 어떻게 전달했을지를 추측해 보면서 정보를 받아들이는 것이 중요하다.

(3) 암호화

암호화란 전달자가 수신자의 정보를 잘 받아들일 수 있도록 하기 위해서 정보를 변형하는 과정이다. 예를 들면, 하나의 정보를 표현하기 위해 언어나 행동 등을 달리하는 것을 말한다. 암호화에는 4가지 원칙이 있다.

첫 번째 적합성이다. 암호화 과정에서 전달자는 정보가 꼭 전달되어야 하는지, 수신자에게 필요한 것인지를 생각해 보아야 한다. 예를 들어, 정보를 전달할 때 언어나 행동 등을 고려하여, 수신자에 맞는 언어와 행동을 선택한다. 정보를 받아들이는 것에 있어 정보 내용에 맞는 언어, 행동 등을 함께 보여 줄 경우 수신자는 더욱 정확하고 명확한 정보를 받아들일 수 있기 때문이다.

두 번째 용이성은 정보 내용을 쉽고 정확하게 전달해야 함을 의미한다. 내용을 복잡하게 전달하면 전달 과정에서 중간에 왜곡될 수 있고 받는 자로 하여금 불편함을 느끼게 할 수 있기 때문이다. 그래서 좀 더 단순하게 정보를 전달하는 것이 좋다.

세 번째 정보를 전달함에 있어 수신자가 정보를 제대로 받아들일 수 있도록 쉽고 단순한 내용을 여러 번 반복하는 것이다. 이 과정을 거치면 처음에는 정보를 왜곡하여 해석해 잘못 받아들일 수 있지만 나중에 제대로 정보를 받아들여 전달자의 의도에 맞게 정보를 전달할 수 있기 때문이다. 이 과정은 나중에 정보가 잘 전달되었는지 확인하는 피드백 과정과도 관련이 있으며 이 과정을 좀 더 줄여 주는 효과가 있다.

마지막으로 전달자가 정보를 전달할 때 정보 내용 중에 가장 중요한 핵심을 강조하는 것이다. 중요 핵심 내용에 속도를 더 느리게 한다든지, 억양을 높게 말한다든지 등의 방식을 이용해 강조를 하는 것이다. 이 과정은 무수히 많은 정보를 받아들이는 전달자가 좀 더 편안하게 정보를 선별적으로 받아들일 수 있도록 도와주는 것이다. 그럼으로써 의사소통이 좀 더 효과적으로 이루어질 수 있다.

(4) 메시지

메시지란 전달자가 수신자에게 전달하는 정보 내용을 말한다. 메시지는 의사소통이 제대로 이루어질 수 있도록 적당한 양으로 전달하는 것이 중요하다. 방대한 양을 한꺼번에 전달하려 하면 그 과정에서 장애요소가 개입해 오류가 생길 수 있기 때문이다. 그래서 전달자는 이를 명심하여 전달하는 것이 좋다.

(5) 매체(채널)

매체(채널)란 전달자가 수신자에게 정보를 전달할 때 어떤 방식으로 전달할지에 관한 것이다.

예를 들면, 전달자는 공식적인 자리에서는 문서라는 매체를 통해 전달하는 것이 왜곡 없이 정확한 정보를 전달할 수 있는 방법이 된다. 또한 공식적으로 국가의 내용을 알리는 경우에는 방송 매체 등을 이용할 수 있다. 그리고 비공식적인 자리에서는 굳이 문서로 전달할 필요 없이 상대방을 맞대어 말할 수 있기 때문에 매체가 필요하지 않는 경우도 있다. 하지만 비공식적인 자리인 경우에도 멀리 떨어진 사람에게 정보를 전달하려는 경우 이메일, 편지, SNS 등 여러 매체를 활용해 전달할 수도 있다.

4차 산업혁명이 도래한 만큼 기존 매체보다 더 다양한 매체들이 이용되고 있다. 그래서 전달자는 자신이 정보를 전달할 때 어떤 매체를 이용해야 효과적, 효율적으로 전달할 수 있을지 고민해 보고 전달하는 것이 좋다.

(6) 해독

해독이란 전달자가 전달한 정보를 수신자가 이해, 분석하는 것을 의미한다. 이 과정 또한 전달자의 정보 암호화 과정만큼 중요한 것으로 전달자가 아무리 제대로 전달했을지라도 이 해독 과정에서 수신자가 잘못 받아들일 경우 오류가 생길 수 있기 때문이다.

그래서 수신자는 전달자가 왜 정보를 전달하려 하며, 어떤 방식으로 어떻게 정보를 전달하려고 했는지 추측해 보며 제대로 정보를 해독하는 것이 중요하다.

쉽게 예를 들자면, 한국인이 외국인에게 정보를 전달하려고 자신이 하고 싶은 말을 외국어로 번역해서 전달을 했는데, 외국인이 받아들일 때 외국에서 통용되는 표현 방식이 아니거나 자주 쓰는 어휘가 아닐 경우 이해할 때 잘못 받아들일 수 있기 때문이다.

같은 의미를 다르게 받아들이거나 상대방이 이해를 못하는 경우가 생길 수 있기 때문에 역지사지의 방식으로 전달자의 생각을 이해하여 해독하는 것이 필요하다.

(7) 피드백

피드백이란 전달자가 정보를 전달할 때 수신자가 제대로 정보를 받아들였는지 확인하는 과정이다.

이 과정은 커뮤니케이션에 있어 가장 중요한 단계이다. 커뮤니케이션에서 가장 중요한 것은 전달하는 사람이 정보를 전달하고 그 정보를 잘 받아들이는 것이다. 그렇기 때문에 이 피드백 과정이 가장 중요하다 말할 수 있다.

피드백 방법은 여러 가지가 있을 수 있다. 예를 들면, 전달자가 정보를 전달할 때 수신자가 제대로 받아들이도록 하기 위해 정보를 여러 번 반복해서 전달하는 것이다. 이 방법을 이용한다면 전달자가 자신이 전달하고 싶은 방식대로 여러 번 전달하기 때문에 받는 자가 처음에는 오류가 생겨 다르게 받아들였을지라도 나중에 오류를 확인하여 수정해서 제대로 받아들일 수 있기 때문이다. 그리고 다른 방법으로는 질문을 하여 받는 자로 하여금 대답을 하게 하거나 어떻게 이해했는지 말하는 식으로 확인해 볼 수 있다. 받는 자가 자신이 어떻게 이해했는지 말하는 것을 들었을 때 전달자는 그 내용이 맞는지 판단이 가능하기 때문이다.

이처럼 피드백 과정은 커뮤니케이션에 있어 좀 더 원활하게 대화하고 관계를 유지하는 데 도움이 될 수 있다. 서로 말이 통한다고 느낄 경우 좀 더 친밀한 관계를 유지하려는 경향이 있기 때문이다.

(8) 장애요소

장애요소란 커뮤니케이션 과정에서 전달자가 메시지 정보를 잘못 전달하게 만들거나 수신자가 정보를 잘못 받아들이게 하는 요소들이다.

커뮤니케이션에서 장애요소의 개입 여부에 따라 의사소통이 잘 되는지와 안 되었는지 결정되는 경우가 대다수다. 예를 들면, 전달자가 정보를 전달할 때 소음이 발생하여 제대로 전달이 안 되거나, 문화적 차이로 인한 소통의 부재, 전달자 또는 받아 들이는 사람의 서로에 대한 편견으로 장애가 발생하는 등 여러 가지가 장애요소가 될 수 있다.

커뮤니케이션에서는 이러한 장애요소를 줄이는 것이 중요하며 외적인 장애, 내적인 장애가 발생하지 않도록 주의를 기울이는 것이 필요하다.

Worksheet

1. 커뮤니케이션의 8개의 구성요소에 대해 설명하시오.

2. 커뮤니케이션의 구성요소 중 자기 자신에게 자주 발생하는 오류 요소에 대해 사례를 들어 공유하시오.

4. 커뮤니케이션 종류

커뮤니케이션은 언어적 커뮤니케이션과 비언어적 커뮤니케이션으로 구분할 수 있다.

1) 언어적 커뮤니케이션

언어적 커뮤니케이션은 가장 기본적인 커뮤니케이션 방법이며, 언어적 커뮤니케이션은 말이나 글을 통해서 의사소통하는 것을 말한다. 인간의 삶에서 중요한 역할을 하고 있으며, 언어적 커뮤니케이션을 통해서 우리는 생각과 감정을 표현하고, 정보를 공유하고, 의견을 교환하고, 협력할 수 있다.

언어적 커뮤니케이션은 말, 글, 기호 등과 같은 요소로 구성된다.

(1) 말

- 가장 기본적인 언어적 커뮤니케이션 수단이다.
- 생각과 감정을 표현하고, 정보를 전달하고, 의사결정을 내릴 수 있다.

(2) 글

- 글은 말을 문자로 표현한 것이다.
- 글은 말보다 더 많은 정보를 담을 수 있으며, 오랫동안 보관할 수 있다.
- 기록에 의한 커뮤니케이션은 편지, 공람, 회람, 이메일 등이 있다.

(3) 기호

- 기호는 말이나 글과는 다른 방식으로 의사소통하는 방법이다.
- 손짓, 몸짓, 표정, 눈빛, 소리 등은 모두 기호로 사용할 수 있다.

〈표 1-3〉 **효과적 언어적 커뮤니케이션을 위한 방법**

방법	내용
명확한 의사 표현	말이나 글을 사용할 때는 단어의 의미를 정확하게 이해하고, 문장을 간결하고 명료하게 작성한다.
경청	경청을 통해서 상대방의 생각과 감정을 이해할 수 있으며, 효과적인 의사소통을 할 수 있다.
피드백	상대방의 이해도를 확인하고, 의사소통을 조정할 수 있다.

2) 비언어적 커뮤니케이션

구두 혹은 문서화된 언어를 사용하지 않고, 언어 이외의 모든 것으로 메시지를 전달하는 커뮤니케이션이다. 표정, 몸짓, 자세, 용모, 복장, 목소리의 높낮이, 제스처 등과 시간이나 공간과 같은 환경적 요소들을 포함한다.

비언어적 커뮤니케이션은 정보가 전달되는 상황과 해석에 대한 중요한 단서를 제공할 뿐만 아니라 무의식적으로 드러나는 경우가 대부분이어서 신뢰성이 높은 의사전달 수단이 되며 감정과 정서적, 심리적인 정보를 전달한다.

(1) 신체언어

신체언어	의미
시선	인간관계의 가장 중요한 역할을 함
얼굴 표정	개인의 인상을 결정하는 중요한 요소
제스처 (고개 끄덕임, 손과 몸동작, 자세 등)	예) 고개 끄덕이기: 경청하고 있음을 알리는 수단 손, 몸동작 자세 등: 커뮤니케이션의 표현을 도와주며 사람의 상태를 알 수 있는 단서로 작용

(2) 외향적 이미지

외향적 이미지	의미
복장	신뢰감, 스타일 전달
헤어	태도, 업무준비, 업무수행상의 개성 등 표현
컬러	이미지 전달 및 상대방 태도 변화에 영향력

(3) 유사 언어(언어 자체가 아닌 갖가지 소리, 부가적 요소)

유사 언어	의미
말투	의미전달과 신뢰감 형성에 중요
음고저, 음량	정확한 의사표현과 성격 판단
음조의 변화	메시지의 중요성, 느낌 전달에 도움
말의 속도	감정과 태도를 반영
발음	정확한 의사전달에 중요한 역할

(4) 공간 언어

인류학 교수 에드워드 홀(Edward Hall: 노스웨스턴 대학) 박사는 커뮤니케이션에서 상대방과의 거리에 대한 중요성에 대해 언급하였다.

거리		의미
0~45cm	친밀한 거리 (Intimate Distance)	가장 친밀한 거리로 사적인 공간을 의미하며 가족, 부모, 연인, 자녀, 가까운 친구, 친지 등 정서적으로 가까운 사람만이 들어가는 것이 허락된다.
45cm~1.2m	개인적 거리 (Personal Distance)	개인적인 거리고 손을 뻗으면 닿을 수 있는 정도의 공간으로 어느 공적, 사적 관계를 넘나드는 공간이다. 사교 모임, 친구 모임, 동아리 모임, 칵테일파티 등과 같이 제한적인 관계의 사람들에게 허락되는 거리이다.
1.2m~3.7m	사회적 거리 (Social Distance)	사회적 거리로 업무상 미팅이나 공식적인 상호작용을 필요로 하며, 이 공간에서는 제3자가 개입하더라도 부담스럽지 않다. 비 개인적인 용무로 인한 평상적 사회 모임 등에서의 사람들과의 거리이다. 여러 사람이 대화

거리		의미
		하거나 새로운 사람이 들어와도 허락되는 거리이다. 일반적으로 택배, 업장 등 낯선 사람 등과 같이 어느 정도의 거리감이 오히려 안정감을 준다.
3.7m 초과	공적인 거리 (Public Distance)	공적인 거리로 대중 앞에 서서 편하게 연설할 수 있는 거리이다.

■ **켈의 법칙**

직급이 한 단계 멀어질 때 심리적 거리는 제곱으로 늘어난다고 한다. 사원과 대리 사이의 거리를 1이라고 할 때, 사원과 과장 간의 거리는 2의 제곱인 4, 사원과 부장 간의 거리는 4의 제곱인 16이 된다는 것이다.

Worksheet

1. 비언어적 커뮤니케이션 중 본인의 잘못된 신체언어 커뮤니케이션의 습관에 대해 생각해 보고 오해를 받았거나, 고쳐야 할 점에 대해 이야기 나눠 보시오.

2. 심리적 거리감을 제거하기 위해 선배로서 또는 후배로서 실천해야 할 방법에 대해 이야기 나눠 보시오.

02
Chapter

커뮤니케이션의 스킬

학습목표

1. 커뮤니케이션의 장애요인을 이해하고 설명할 수 있다.
2. 커뮤니케이션의 기본스킬을 이해하고 활용할 수 있다.

1. 커뮤니케이션 장애요인

우리는 많은 사람들과 인간관계를 맺고 유지하는 과정에서 커뮤니케이션의 오류가 발생하는 것을 누구나 한번쯤은 경험했을 것이다. 언어학자 스토너(J.A.F. Stoner)는 커뮤니케이션의 장애가 생기는 이유를 의사소통과정의 복잡함, 성장배경, 가치관, 생활태도에 따라 메시지가 다르기 때문이라고 제시했다.

커뮤니케이션과정에서 많은 장애요인이 생기는 것을 방지하기 위하여, 적절하지 못한 표현과 단어의 사용, 생략, 상대에 대한 불신, 주변의 시끄러운 환경 등의 장애요인을 극복하고 줄이는 노력이 필요하다.

1) 커뮤니케이션의 장애요인과 극복

(1) 커뮤니케이션의 장애요인

① 변화를 무시한다

주위 환경이나 패러다임 등이 변하고 있는데도 자기 경험만을 고집하고 타인의 정보 제공에 귀를 기울이려고 하지 않는다.

② 자기중심적이다

메시지를 전달함에 있어 커뮤니케이션이란 '상대방에게 자기의 입장이나 생각을 일방적으로 전하고, 상대방에게 자신의 사고방식이나 생각을 공조하는 것이다'라고 생각하는 경우 커뮤니케이션은 실패하며 장애요인으로 작용한다.

③ 사실과 추론을 혼동한다

자기 멋대로 추론하고 있는 것을 '그렇다'라고 믿으며 단언하는 경우가 있다. 이것은 개개인의 성장배경과 경험, 가치관, 관심사항 등에 의해 형성되는 준거기준으로 지각하는 세계가 다르기 때문에 발생한다. 혼합 메시지 또는 이중메시지, 이면 교류 등을 사용하여 말하는 내용과 의도가 불일치하여 생기기도 한다.

④ 말이 갖는 의도와 의미를 해석하지 않는다

같은 말을 사용하더라도 사람, 장소, 상황에 따라 달라진다. 말하는 사람의 태도나, 발음, 말투, 화술의 부족 등으로 말하는 의도나 메시지가 전달되지 못하고 왜곡되어 상대방이 의도하는 의미를 제대로 파악하지 못하는 경우가 발생한다.

⑤ 마음을 열지 않는다

상대방의 이야기를 상사의식을 가지고 듣거나 방어적으로 듣는다. 자신의 틀에 사로잡혀서 상대방에게 수용하려는 자세를 취하지 않는다.

⑥ 제대로 잘 듣지 않는다

자기가 하고 싶은 이야기만을 하고 상대방의 이야기는 잘 들으려고 하지 않는다. 커뮤니케이션 성공의 포인트는 잘 듣는 데 있다. 말하는 것에 30%, 듣는 것에 70%를 쓰라고 한다.

인간관계를 형성하는 과정에서 효과적인 커뮤니케이션을 하기 위해 조용한 장소를 선택하여 잡음을 만들지 않는 물리적 환경의 조성도 무시할 수 없다.

⑦ 장애극복의 의지가 없다

커뮤니케이션의 장애발생에서 극복과 해결의 의지가 없는 경우이다. 장애극복을 위해서는 발신과정과 수신과정에서 상호 의지와 노력이 필요하다.

■ 이렇게 해 보세요!

- 커뮤니케이션에 앞서 아이디어를 명확히 한다.
- 문서를 작성할 때는 주된 아이디어를 앞에 쓴다.
- "당신이 아는 바 그대로", "실로" 등과 같은 말은 피한다(그러나 흥미를 돋울 수는 있다).
- 평범하고 쉬운 단어를 쓰고, 편견 없는 단어를 사용한다.
- 사실 아래 깔린 감정과 기분을 인정하는 커뮤니케이션을 한다.
- 어조, 표정 등 비언어적인 행동이 미치는 결과를 생각한다.
- 말하고 있는 바에 관한 생각과 사전 정보를 동원하여 말하는 데 몰입한다.
- 어휘 · 단어만을 듣는 데 집중하기보다는 요점 · 의미 파악에 집중한다.
- 모든 이야기를 듣기 전에 결론을 내리지 말고 전체를 듣는다.
- 수신자의 관점에서 상대방의 진술을 반복하고 피드백을 해 주고 받는다.
- 들은 것을 확인 요약한다.

– 듀브린(A. J. DuBrin) –

(2) 장애극복 기본방안

① 일반화 없이, 왜곡 없이 정확하게 말하기

커뮤니케이션에서 언어는 언어 자체가 가지고 있는 상징적 특징, 즉 자의적이며 추상적이고 모호한 오해의 가능성이 항상 있다. 또한 개인적인 차이와 문화적인 차이는 커뮤니케이션의 장애를 만들고 해석을 다양하게 만든다. 주변의 상황까지 개입되는 것을 고려하게 되면 수많은 외적 요인들이 의미와 정확한 해석을 방해하기 마련이다. 어떤 절대적인 것, 개별적인 것에 일반화된 개념을 사용하여 말하면 우리 자신에게 잘못된 인식을 심어 줄 수 있다. 예를 들어, '정치가는 다 거짓말쟁이다', 또는 '달리기 잘하는 사람은 운동을 많이 한다', '손이 큰 사람은 키가 크다'라는 말은 과장된 일반화이다. 좀 더 정확하고 적절하게 표현하려면 '정치가들 중에는 정직하지 않은 모습을 보이는 경우도 있다', '손이 큰 사람들 중에는 키가 큰 사람도 있다'라는 표현으로 해야 할 것이다.

뿐만 아니라 사람에 대한 평가에 대해서도 적절한 언어를 사용한다. 'A는 이기적이야', 'B는 무책임해', 'C는 예의가 없어'라는 정체적 평가는 주의해야 한다. 정체적 평가란 대상에 대한 평가에 변화가 없는 것으로 그 대상이 변하지 않는다는 의미를 담고 있는 것이다. 'A는 어떠하다, B는 어떠하다, C는 어떠하다'라는 표현을 사용할 때 A, B, C는 변하지 않고 고정되어 있기 때문에, 정체적 평가가 사람에게 사용될 때 자신의 관점과 경험으로 사실을 변형시키는 왜곡의 문제가 될 수 있다.

이러한 오해의 여지를 완전히 삭제하기는 어렵더라도 자신이 사용한 언어의 내용적 의미와 관계적 의미가 상대의 인식과 같은 영역에 속하는지, 관계에서 어떤 특정한 언어를 사용할 수 있는가 생각하여 분명하고 정확하게 말하고 서로 확인함으로써 언어 자체가 야기하는 오해를 줄여 나갈 수 있다.

② T.P.O.(Time Place Occasion)에 맞는 언어 사용하기

상대방에게 신뢰감을 높이고 존중을 표현하는 방법으로 시간과 장소, 상황에 맞는 적절한 언어 사용을 해야 한다. 예를 들어, 어떤 사람이 일반적으로는 말이 없고 논리적인 언어나 단어 표현만 사용하는 사람도 친구들과의 만남과 놀이에서는 다른 언어의 사용이 가능하다.

일반적으로 모든 사람들은 고정되어 있지 않고 끊임없이 변하며, 어떤 때는 자기중심적으로 행동하던 사람도 다른 경우에는 배려심이 많을 수도 있으며 무책임하던 사람이 또 다른 상황에서는 책임감 있게 행동할 수 있기 때문이다.

③ 시간과 상황을 상세히 덧붙여 말하기

우리가 어떤 것에 대해 가치를 평가할 때 특정한 시간과 특정한 상황에 의해 한정된다는 것을 주의시키기 위해 특정한 시간과 상황을 덧붙이는 것이다.

나라는 <u>이기적으로 행동한다.</u>

- 이기적: 다른 사람을 생각하지 않고 자기 입장에서만
- 행동했다: ○○상황에서

대한이는 <u>예의가 없는 행동을 했다.</u>

- 동아리 행사계획 모임에서

④ 사실, 감정, 주장으로 자기표현하기

인간관계에 있어서 서로 갈등이나 어려운 일이 있을 때 그것을 표현하는 방법이 있다. 상호 효과적이고 효율적인 커뮤니케이션이 중요한 시점에서 자기표현을 제대로 할 수 있다는 것은 성공의 요소이자 관계의 핵심이다. 자기표현을 제대로 못하는 것의 원인은 자신의 생각과 감정을 공격적으로 사용하기도 하며, 때로는

소심함이 원인이 되기도 한다.

자기표현을 잘하는 사람들은 객관적인 사실에 대해 설명한 후 자신의 생각과 감정을 담은 말을 사용함으로써 자신에 대한 책임을 스스로 진다. 마지막으로 자신의 느낌을 주장함으로써 자기 자신에게 일어난 것들에 대해 다른 사람을 비난하지 않는다.

2. 커뮤니케이션 기본 스킬

1) 신뢰 화법

상대방에게 정중함과 신뢰감을 줄 수 있는 대화의 말이나 어미의 선택을 한다. 다까체 70%와 요조체 30%를 사용하게 되면 바람직한 화법이 될 수 있다.

- 정중한 화법(다까체) 70%: ~입니다, ~입니까?
- 부드러운 화법(요조체) 30%: ~예요?, ~이죠?

2) 레어드 화법

사람들은 "~해!" 같은 명령형의 말을 들게 되면 반발심이나 거부감이 들기 쉽다. 의뢰형이나 질문형식으로 바꾸어 말하면 훨씬 부드러운 대화가 될 수 있다. 심리학자 레어드는 질문형식으로 말하면 상대방의 마음의 문을 연다고 하여 레어드화법이라고 한다.

- ~ 해 주시겠습니까?
- ~ 부탁해도 될까요?

3) 쿠션 화법

상대방에게 불쾌감을 덜 느끼게 하면서 적극적으로 해결하겠다는 감정과 의사를 전달하는 표현으로, 상대방이 원하는 것을 들어주지 못하거나 상대방에게 부탁을 해야 할 경우 기분이 나빠지는 것을 최소화할 수 있다.

- 실례합니다만, 죄송합니다만, 공교롭게도, 번거로우시겠지만, 괜찮으시다면, 양해해 주신다면

4) 맞장구 화법

상대방의 호감을 살 수 있는 대화의 가장 기초적인 요령은 상대방이 하는 이야기를 관심 있게 귀담아 들어주는 것이다.

- 가벼운 맞장구: 저런, 그렇습니까?
- 동의 맞장구: 과연, 정말 그렇겠군요, 예, 그렇습니까?
- 정리 맞장구: 그 말씀은 ~ 이라는 것이지요?
- 재촉 맞장구: 그래서 어떻게 되었습니까?
- 몸짓 맞장구: 고객 끄덕끄덕, 갸우뚱, 눈 맞춤

5) 아론슨 화법

부정적 표현보다는 긍정적 표현으로 바꾸고, 같은 내용도 긍정적인 부분을 강조해서 말한다. 또한 긍정적 내용과 부정적 내용을 함께 말해야 하는 경우는 부정적인 것을 먼저 이야기하고 나중에 긍정적인 내용을 이야기하는 것이 효과적이다.

- 상대방을 조금 기다리게 한 경우
  기다리게 해서 죄송합니다. (×) – 기다려 주셔서 감사합니다. (○)
- 이 제품은 비싸지만, 품질은 아주 뛰어납니다.

6) 개방적 화법

대화를 진행하면서 상대방의 이야기를 많이 듣기 위해 요령 있게 질문하는 화법이다. 즉, '네 또는 아니오'로 대답할 수 있는 폐쇄적인 질문이 아닌, 상대방의 자유로운 대답을 들을 수 있는 개방적인 질문을 사용하는 것이 좋다.

- 점심 드셨습니까? (×) – 점심 어떠셨습니까? (○)

7) I-message 화법

자기의 생각과 감정을 담아, 자신의 느낌을 책임지는 표현으로 나 메시지(I-message)를 사용하는 반면, 너 메시지(You-message)는 상대방에게 책임을 지우는 것이다. 예를 들어, 약속시간에 늦은 친구에게 "일찍 좀 다녀~"라는 말은 전형적인 You-message이다. 상대방에게 직접 충고, 명령, 나무람, 비난 등의 뜻을 내포한 메시지를 던지면서, 상대방에게 문제의 책임을 지우기 때문에 상대방은 부정적인 감정을 가질 뿐 아니라 자존심이 상하고, 불쾌하게 느끼게 된다.

I-message의 기본원리는 상대방의 행동을 문제 삼고, 상대방에게 책임을 넘기는 대신에 그의 행동에 대한 나의 기분을 알려 주는 것이다. I-message는 상대방에게 상대방의 행동 또는 상황 – 그에 따른 결과(나에게 미친 영향) – 나의 감정이나 느낌을 포함한다.

(1) 나 메시지(I-message) 예

어떻게 매번 점심 약속시간에 늦을 수 있니?

- 네가 약속시간에 매번 늦으니(행동, 상황), 점심이 다들 늦어져서(결과) 친구들이 모두 배가 고파 난감해(감정, 기분)

왜 이렇게 일을 빨리 못하는 거니?

- 일이 자꾸 늦어지니(행동, 상황), 마감 날짜를 못 맞춰서(결과) 모두가 초조해 하고 있어(감정, 기분)

떠들지 마!

- 큰 소리로 말하니(행동, 상황) 수업에 집중할 수가 없어서(결과) 힘이 드네(감정, 기분)

(2) 나 메시지(I-message)의 장점

① 솔직성

나의 입장과 감정을 솔직하게 전달하는 기능이 있다. 사람들은 솔직한 이야기를 들으면 함께 솔직해지고 더욱 진지하게 대화를 할 수 있다.

② 완전성

단정적으로 말하는 You-message와 달리 전후 사정과 그것에 대한 나의 입장까지 알려 주기 때문에 완전한 메시지를 전할 수 있다.

③ 안정성

상대방을 직접 판단, 평가, 공격하는 것이 아니기 때문에 방어심리를 덜 유발한다. 상대방은 You-message의 경우보다 I-message를 통해 훨씬 편안하게 대화할 수 있다.

8) 경청 스킬

효과적인 경청을 위해서는 말하는 스킬만큼이나 듣는 경청 스킬도 중요함을 잊어서는 안 된다. 상대방이 진정으로 말하고자 하는 요점을 정확히 파악하며, 말하는 사람에게 최대한 동화될 수 있도록 상대방의 입장을 이해하면서 이야기를 들어야 한다.

(1) 1.2.3 기법

자신은 1(한)번만 말하고, 상대방의 말은 2번 들어주고, 3번 맞장구를 친다.

상대방의 생각이나 주장, 요구를 일단 인정하고 동의할 수 있는 부분을 찾아가며 듣고 난 후에 자신의 생각이나 주장을 요구한다.

(2) BMW기법

상대방이 이야기하고 있을 때 섣부르게 지레짐작하거나 주관적 판단을 금한다. 상대방이 말하는 속도에 자신의 사고력과 이해를 맞추려고 노력하며, 이해하지 못한 것은 질문을 통해 반드시 이해하며 듣는다. 특히 전문용어나 개념이 납득이 되지 않으면 설명을 부탁하거나 개념을 정의하면서 듣는다.

귀뿐만 아니라 눈으로 적극적으로 듣는다. 말하는 상대방을 관찰하여 표정, 제스처, 태도, 행동, 비언어적 요소의 의미를 파악하려고 노력하면서 듣는다.

BODY(자세)	표정, 눈빛, 자세와 움직임을 상대에게 기울이며 집중한다.
MOOD(분위기)	말투, 음정, 음색, 말의 빠르기, 음의 높낮이를 고려한다.
WORD(말의 내용)	상대방을 존중하고, 상대방이 원하는 것이 무엇인지 집중한다.

(3) Family법칙

상대방의 이야기를 중도에 끊거나 가로채지 않는다.

상대방의 생각이나 주장, 요구를 일단 인정하고 동의할 수 있는 부분을 찾아가며 듣고 난 후에 자신의 생각이나 주장을 요구한다.

Friendly	친절하게 경청
Attention	집중하며 경청
Me, too	공감하며 경청
Interest	관심을 가지고 경청
Look	바라보며 경청
You are centered	상대방을 중심으로 경청

Worksheet

1. 최근 자기 자신에게 발생했던 커뮤니케이션 장애요인에 대해서 이야기 나눠 보시오.

2. 최근 You-message로 했던 말을 찾아보고, I-message로 바꾸어서 정리하고 공유하시오.

관계형성의 커뮤니케이션

03 Chapter

학습목표

1. 커뮤니케이션의 갭과 원인을 파악하고 세대 간 갭을 줄일 수 있다.
2. 상담커뮤니케이션을 이해하고 적용할 수 있다.
3. 코칭커뮤니케이션을 이해하고 적용할 수 있다.

1. 커뮤니케이션의 갭

1) 직장 내 갭의 원인

(1) 조직의 변화

한 취업 포털 사이트의 직장인을 대상으로 직장 내 커뮤니케이션에 대한 설문조사 결과 60.9%의 직장인이 직장 내 직원들 간의 소통이 원활하지 않다고 응답했다. 많은 직장인들은 왜 직장 내 소통이 원활하지 않다고 생각했을까?

직장 내 소통이 원활하지 않은 이유로 절반에 가까운 직장인들이 수직적인 조직 문화(48.1%)를 1위로 꼽았다. 그 외에 서로의 의견을 잘 이야기하지 않아서 (27.0%), 팀 내 혹인 사내 이슈가 잘 공유되지 않아서(14.1%) 등의 항목이 뒤를 이었다고 한다.

기업별 형태로 살펴보면 중소기업 직장인 중 직장 내에서 소통이 잘 되지 않는다고 답한 응답자가 63.1% 비율로 가장 많았으며, 대기업(60.5%), 공기업(51.9%), 외국계기업(47.1%) 순으로 나타났다. '직장 내 커뮤니케이션에 어려움을 겪은 적이 있습니까'라는 질문에는 직장인 10명 중 9명에 달하는 92.1%가 '그렇다'고 답했다.

직장 내 커뮤니케이션이 가장 어려웠던 순간에 대해서는 '상사와 의견이 다를 때'가 60.4%로 가장 높았고, 다음으로 '다른 팀과 업무를 진행할 때'가 16.1%로 그 뒤를 이었다. 이처럼 많은 직장인들이 직장 내 커뮤니케이션이 원활하지 않다는 것을 인지하고 있음에도 '직장에서 본인의 의견을 잘 말하는 편인가'라는 질문에 56.9%가 '그렇지 않다'고 답했다고 한다.[1]

1) 잡코리아

(2) 가치관의 변화

직장 내에서 세대 간 가치관의 차이는 세대 간 보이지 않는 장애물이 될 수 있다. 따라서 세대 간 커뮤니케이션 문제를 해결하기 위해서는 국민적 차원에서 가치관의 변화와 세대 간 차이를 분석하고 살펴볼 필요가 있다. 한국인의 가치관은 1997년 국제통화기금(IMF)의 구제금융과 2007년 서브프라임 모기지 사태를 기점으로 큰 폭으로 변화되었다. 과거와 현재 한국의 가장 큰 가치관의 차이는 세대변화, 개인주의, 양성평등 등이다.

'한국인의 가치관 변화추이'(나은영, 2010)에서 1979년에는 '자신과 가족'보다는 나라를 중요시하는 비율이 높았다면 2010년에는 '자신과 가족'을 택한 비율이 크게 늘어났다. 신세대(20대)뿐만 아니라 구세대(50대)도 같은 양상을 보이고 있다고 기술하고 있다.

또한 2010년 들어서는 남성 85.7%, 여성 94.5%가 남녀 평등의식에 대해 결혼한 여자가 시댁, 친정을 동등하게 대우해야 한다고 응답하였다. '시댁과 친정을 동등하게 대우해야 한다'는 생각은 2000년 이후 신세대보다 구세대의 변화 폭이 매우 커서 현재는 세대차가 거의 나지 않는다. 이는 기성세대들이 대세에 따라 빠르게 변화한 것으로 볼 수 있다.

조직문화와 직장 내 커뮤니케이션에 있어서 세대 간의 가치관의 차이를 살펴보면, 첫째, 직장생활에서 중시하는 가치는 과거 '금전적 보상'에서 최근 '안정성'으로 변화하였다. 또한 이상실현이나 내면도야보다는 '대인관계'나 '과제해결과 같은 실질적인 가치관이 강화되었다. 둘째, 신세대는 '직능구분', 구세대는 '상하구별'이 중요하다. 셋째, 권위주의 부분은 부모-자녀 사이의 권위주의 수준은 낮은 반면 직장상사-부하 간의 권위주의 수준은 가장 높은 것으로 나타났다. 넷째, 집단주의, 비공식주의, 혁신주의, 낙관주의와 같은 결과들을 종합하면 한국인은 안정성을 중시하고, 개인주의 성향을 가지며, 권위주의와 갈등하는 가운데 전문성을 중시한다고 볼 수 있다.

특히 최근 들어 저출산과 집 값 상승, 4차산업혁명, 코로나 펜데믹으로 인한 비대면 시대 등 여전히 많은 변화와 불확실성이 지속되고 있다. IT 기술의 발달과 코로나19 이후 직접 대면하지 않고도 일하는 방법을 찾아내게 되었고, 개인주의가 확산되게 되면서 이직율이 높아지고 평생직장의 개념이 아닌 언제, 어디서든 개인의 역량을 펼치면서 소득도 늘릴 수 있는 N잡과 디지털 노마드, 긱 이코노미(Gig Economy)의 시대가 된 것이다.

출처: [진로 탐색] 직업 가치관의 변화, 진로 선택|작성자 Coach Jay

이러한 가치관의 변화와 세대 간 가치관의 차이는 한국의 조직문화와 인사관리 차원의 체계적인 변화를 요구한다. 즉, 구성원이 추구하는 가치를 받아들여 이전의 집단주의, 상명하복적 권위주의와 결과 중심의 조직에서 변화와 다양성 수용, 협력적이고 수평적인 조직관계, 개인의 경력관리를 강화하는 추세이다.

2) 관계에서 갭의 원인

(1) 사실전달

가치 판단의 차이로 목표지향적이면서 문제해결에 집중해서 '사실'과 관련된 것을 전달하는 스타일과 친밀한 관계에서 '감정'을 나누며 대화하는 것을 좋아하는 사람이 있다. 전자는 목적을 가지고 사실을 전달하는 경우가 많다. 후자는 자기 감정을 충분히 전달하기 위해 과장하거나 은유법을 사용하거나 다소 막연한 표현을 한다. 예를 들어, 간혹 여자가 '한 번도 ~한 적이 없다'거나 '매일 그런 식이다'라고 말한다면 '한 번도'나 '매일'이라는 부사어는 감정의 정도를 나타내는 것일 뿐 사실적 빈도를 나타내려는 것이 아니다. 또한 상대가 감정에 관한 내용을 있는 그대로 표현할 경우라도 다른 상대는 그 이야기가 자기에게 책임을 묻거나 해결해 달라는 요구로 받아들일 가능성에 유의해 보자.

(2) 화법

어떤 사람은 사실과 정보를 전달하기 위해 '직접화법'을 사용하고, 어떤 사람은 관계지향적이므로 본인의 말이 누군가를 공격하거나 불편하게 만들고 싶지 않기 때문에 직접적인 표현을 자제하고 '간접화법'을 사용한다. 예를 들어, 간접화법을 사용하는 사람은, 사람은 어떤 특정한 물건이 갖고 싶을 때 저 물건이 예쁘다는 말을 반복함으로써 갖고 싶다는 의미를 내포하기도 한다는 것이다. 간접표현에 익숙하지 않은, 직접화법을 사용하는 사람은 그 의미를 바로 파악하기 힘들어 할 수 있다.

(3) 스트레스 상황

스트레스를 받을 때 어떤 사람은 문을 걸어 잠그고 자기만의 동굴(자기만의 세계)로 들어가 앉는다. 혼자서 조용히 생각하며 스스로 해결책을 찾으려고 한다.

반면에 어떤 사람은 가까운 사람과 이야기를 통해 우울한 기분을 털어 버린다. 후자는 힘든 상황을 말할 때는 위로받고 싶어 한다는 것이다. 동굴 밖에서 사람들과 함께 해결하고 싶을 때 그것을 공감해 주고, '동굴'에서 문제를 혼자 해결하고자 하는 사람은 기다려 주는 여유가 필요하다.

(4) 동기부여

어떤 사람은 존재가치를 인정받을 때 힘이 나며 마음을 움직인다. 특히 이런 사람은 자기를 '신뢰'해 주기를 바라며 신뢰받기 위해 웬만해서는 조언을 구하지 않는다. 반면 어떤 이는 항상 자기에게 '관심'을 가져 주기를 바라며 누군가 자기를 사랑하고 있다고 느낄 때 의욕이 생긴다. 상대가 마음으로부터 관심을 가져 주고 이해해 주기를 원하는 것이다. 두 사람은 도움을 주려고 할 때 오히려 자신을 신뢰하지 않아서 하는 간섭으로 느끼고 반대로 자신에게 간섭하지 않을 때 무관심으로 느낀다.

3) 세대 간 갭

(1) MZ 세대의 등장

오늘날 새롭게 주목받고 있는 세대는 '베이비부머 세대', 'X세대'에 이르러 'Y세대', 'Z세대'라고 불리는 밀레니얼 세대이다. 밀레니얼 세대는 1980년대 초반부터 2000년대 초반에 출생한 현 10대에서 30대 초반 연령층을 의미한다. 산업기술이 급속도로 발달한 시대에 태어나, 인터넷과 스마트세대를 접하며 자라면서 새로운 기술과 기계를 쉽게 받아들인 세대이기도 하다. 컴퓨터활용능력, SNS, 소셜 미디어 등의 기술을 능숙하게 사용할 줄 아는 밀레니얼 세대는 이전 세대와는 전혀 다른 특성들을 가지고 있다.

현재 소비계층의 주류를 이루고 있는 세대로 기업은 마케팅을 하거나 신제품 개발에서 밀레니얼 세대의 성향을 분석하고 예측하는 것은 매우 중요한 일이 되었다. 또한 이들의 가치관과 특징은 근무환경의 변화, 기성세대와의 커뮤니케이션 방식, 인사관리 제도 변화 등 직장의 문화를 바꿔 놓고 있다.

(2) MZ 세대의 특징

- 남의 시선을 크게 의식하지 않는다.
- 솔직하고 자유로운 개방적인 행동을 한다.
- 멀티태스킹이 가능하여 업무 수행 시 여러 가지 일을 동시에 수행한다.
- 자기표현과 좋고 싫음이 분명하고 거침없다.
- SNS의 자기노출은 용인하나, 업무시간 외의 사생활 보호가 중요하다.
- 모바일에 대한 인식이 다르다.
- 칭찬과 보상, 인정에 대한 즉각적 반응과 실적에 따른 보상을 분명하게 선호한다.
- 평생직장보다는 직장을 바꾸는 데 적극적이다.

(3) 기성세대와 MZ 세대의 차이

취업 포털 사이트의 설문조사에 의하면 92.2%는 직장에서 세대차이를 경험한 적이 있다고 조사되었다. 특히 세대차이를 가장 많이 느끼는 부분은 커뮤니케이션 방식으로 직장인의 53.2%가 응답하였다. 이어 출퇴근 시간, 복장 등 직장생활 방식 36.3%, 회식 등 친목 도모 모임방식 36.6%, 회의 및 보고 등 업무방식 28.5%, TV프로그램 등 일상적인 대화 주제 21% 순으로 세대차이를 느끼고 있었다. '직장 내 세대차이가 업무 효율성을 저하시키는가'에 대한 문항에는 '그렇다 41.3%, 매우 그렇다 21%'라고 응답해서 직장 내 세대차이가 업무 효율성에도 영향을 미치는 것으로 인식되고 있다. 직장 내 세대차이로 인해 스트레스를 받고 있다고 응답한 직장인은 56.8%를 차지했다.

직장인들이 인식하는 세대차이의 가장 큰 부분이 '커뮤니케이션 방식'이라는 결과에 여러 세대가 함께 일하며 공동의 목표달성이 중요한 기업의 입장에서 세대차이가 업무의 효율성까지 떨어뜨릴 수 있다는 점을 인식해야 한다. 그렇기에 소통의 문제를 해결하고 밀레니얼 세대와 함께 협업하는 소통의 방법은 중요하다.

4) 커뮤니케이션의 갭을 줄이기 위한 소통전략

① 세대별 가치관과 세계관의 차이를 인정한다.

② 세대 간의 강점을 찾아 아이디어를 공유한다.

③ MZ 세대의 스마트 커뮤니케이션 방식을 존중한다.

④ 즉각적인 피드백으로 자존감을 높여 주며 상호 존중한다.

⑤ 자율성을 찾아 스스로 문제를 해결할 수 있도록 지도하고 지시는 지양한다.

2. 상담 커뮤니케이션

인디언 사이의 특별한 소통방식이 있다고 한다. 사람들이 원을 그린 상태에서 독수리 깃털 같은 신성한 물건을 전달한다. 이 신성한 물건을 가진 사람이 말을 하는 동안은 다른 사람들은 물건을 가진 사람의 말에 귀를 기울여야 한다. 이 신성한 물건은 원을 따라 돌아가는데, 물건이 자기 차례에 오기 전에 말을 하거나 끼어들지 않는다고 한다. 이것은 인디언 사이에서 '돌아가면서 말하기'라는 소통방식으로 이때는 단지 말하는 사람의 의견에 공감할 경우 작고 부드러운 소리로 공감의 표시를 할 수 있을 뿐이라고 한다.

차례가 되어 말을 시작할 때도, 먼저 감사하는 말에서 시작한다. 그곳에 존재하게 한 창조주와 생명을 주신 부모님에게, 함께 앉아 대화할 수 있는 동료들에게 감사하는 말로 마음에 있던 이야기를 시작한다. 이것은 서로 결합해 주는 아주 독특하고 특별한 방식으로, 이들은 인내와 존중을 배운다고 한다.

'상담'의 한자는 서로 상(相)과 이야기 담(談)으로 구성되어있다. 그만큼 상담은 서로 이야기를 나누면서 고민거리를 해결하기 위해서 공동으로 작업으로 이루어져야 하는 과정이다.

■ 역린(逆鱗)

용(龍)이라는 짐승은 잘 길들이면 올라탈 수도 있지만 그의 목 아래에 있는 직경 한 자쯤 되는 역린, 즉 다른 비늘과는 반대 방향으로 나 있는 비늘을 건드리면 반드시 사람을 죽인다.

〈한비자(韓非子) 세난편(說難篇)〉

1) 상담 커뮤니케이션 스킬

인간관계에서 대화의 소통이 중요하다는 것은 누구나 잘 알고 있다. 말을 자르지 않기, 관심을 유지하면서 상대방과 흥미를 유지하기, 평가와 조언, 충고 미루기, 핵심 파악하기 등 모두 중요한 원칙이 될 수 있다. 이것들을 상대방이 인지하고 느낄 수 있도록 표현방법은 한층 더 중요하다.

(1) 라포(Rapport)

라포란 프랑스어로 '다리를 놓다'라는 뜻으로 상호 신뢰를 쌓을 수 있도록 두 사람 사이를 연결하는 교량 역할을 말하는 것이다. 인간관계에서 '라포형성'은 상대방을 이해하고 공유하는 중요한 과정으로 상대방에 대한 존중이 바탕이 되어야 한다. 인간관계에서 처음 만났을 때 가장 처음 하는 행동은 '라포를 형성'하는 것이다. 상대방의 스타일, 태도, 말투 등 수집될 수 있는 가능한 많은 정보를, 순간적으로 빠르게 포착하여, 상대방과 가장 가까운 태도로 대화를 시작하는 것이며 대화 중에도 상대방과의 라포형성은 계속된다. 개인의 가치관이나 철학은 배제한 채, 그것이 어떤 이야기여도 상대의 행동과 마음을 이해하고 공감하려고 노력해야 하며 낯선 이에 대해 경계심을 지녔던 아랫사람이나 구성원은 상대방의 그런 모습을 보면서 조금씩 경계를 풀고 좀 더 자신의 속 깊은 이야기를 털어놓을 수 있게 될 것이다.

인간관계에서 '라포형성'은 상대방을 이해하고 공유하는 중요한 과정으로, 관심을 기울이며 포용적이고 공감적인 태도를 보일 때 쌓인다. 무엇보다도 상대방에 대한 존중이 바탕이 되어야 한다.

(2) 페이싱(Pacing)

페이싱은 라포를 형성하기 위한 수단 중 하나로 상대방이 하는 방식대로 맞추어

가는 것이다. 페이싱 할 때 주의할 점은 자연스럽게 맞추어야 한다는 것으로 호흡, 말의 속도, 목소리의 높낮이, 주로 사용하는 단어나 표현들, 몸짓 언어와 움직임, 기분까지 맞추어 가는 것을 의미한다.

앞에서 설명했던 경청의 기법 Body, Mood, Words에 맞게 맞춘다.

상대방에게 자연스럽게 페이싱 하다 보면, 목표하는 방향으로 상대방의 행동을 리드(Lead)할 수 있게 된다. 인간관계에서 바람직한 목표를 설정하고 그 방향으로 이끌기 위해서는 페이싱을 한다.

Paee → Pace → Lead

(3) 백트레킹(Backtraking)

백트레킹을 해석하면 '추적한다'는 의미이다. 그 의미와 같게 듣는 사람은 발신자가 어떤 말을 하면 그 말을 그대로 말해 주면서 듣고 있다는 표시를 해 준다. 이것은 인간관계에서 서로 동질감을 느끼게 하는 것이 목적이다. 동질감을 느끼게 되면 거부감은 거의 줄어들고 공감을 보다 쉽게 할 수 있다.

① 상대방과 아이컨텍(Eye Contact) 한다.
② 몸을 상대방에게 기울인다.
③ 듣고 있다는 반응의 표시를 한다(언어적인 측면과 비언어적인 측면).
④ 이해가 어려운 부분에서는 질문을 한다.
⑤ 의견이 맞지 않으면 신속하게 끝낸다.
⑥ 화가 나는 상황에서 당황하지 않고 상대방을 이해하려고 노력한다.

(4) 미러링(Mirroring)

상대방의 몸짓이나 포즈, 얼굴 표정까지도 그대로 따라 해 주는 것으로 미러링을 제대로 하면 아무런 말을 하지 않더라도 상대의 이야기를 끌어내는 것이 가능하다. 미러링은 그대로 따라 하는 미러링과 상대방이 다른 신체부위나 수단을 사용하는 교차미러링이 있다.

(5) 캘리브레이션(Calibration)

상대방에 집중하고 관심을 가져 상대방의 정보를 통해 상대방의 말하지 않는 의도와 메시지를 읽는다. 이것은 단순히 보는 것이 아닌 주의를 기울여 마음의 눈으로 볼 때 가능하다. 단 섣부른 판단은 금물이다.

(6) 캐널리제이션(Canalization)

상대방에게 가능한 '예스'의 대답을 유도해서 상대방과 물꼬를 트는 긍정적인 대화방식이다. 사람들은 대상을 긍정적으로 보기 시작하면 솔직해지고 쉽게 마음을 연다. 상대방에게 긍정적인 감정을 갖는 상황이 만들어지면 대화는 더욱 쉽게 풀린다.

대화의 물꼬를 트기 위해서 대화를 함께해 준 것에 대한 '고맙다'라는 표현도 사용해 보도록 한다.

(7) 스톡 스필(stock spill)

스톡 스필은 '미리 준비해 둔 대사'라는 테크닉이라고도 한다. 상대방의 기분을 좋게 하기 위한 이해자의 역할로서 누구나 할 수 있고, 누구에게나 들었던 내용이 아닌 '상대방에게만 해당하는 맞춤 대사'를 이용해서 상대방을 잘 이해한다는 표현을 쓰는 것이다. '친구들이 너무 자기한테 의존하는 거 아녜요?', '사실은 ㅇㅇ 씨, 되게 자상한 타입이군요'라는 식으로 누구에게나 듣는 말이 아닌 말하는 사람만이 알고 있다는 방식으로 말하는 것이다.

(8) 섭틀 프레딕션(Subtle prediction)

미래를 예언해서, 그것이 적중하는 것처럼 착각하게 만드는 것으로 심리학에서도 꽤 상급기술에 속하는 것으로 상대방에게 긍정적인 예언을 해 주자.

- 긍정의 느낌으로 바꾸기
  예) 고집불통–끈기 있는

〈표 3–1〉 **긍정의 느낌으로 바꾸기**

단점	긍정의 느낌으로
1. 간사한	
2. 아부하는	
3. 경쟁적인(공격적)	
4. 나서는(설치는)	
5. 독재적인	
6. 소심한	
7. 엉뚱한	
8. 수다스러운	
9. 냉정한 차가운	
10. 거만한	

Worksheet

1. 옆 사람과 스몰토크와 라포를 형성하고 대화를 해 보시오.

2. 주변에서 역린(逆鱗)의 말을 찾아보시오.

3. 코칭 커뮤니케이션

코칭이란 개인이 지닌 능력을 최대한 발휘하여 목표를 이룰 수 있도록 자신감과 의욕을 고취시키고, 실력과 잠재력을 최대한 발휘할 수 있도록 돕는 일을 의미한다. '코치'의 어원은 헝가리의 도시 코치(Kocs)에서 개발된 말 네 마리가 끄는 마차에서 유래한다. '코칭(coaching)'이라는 용어는 커다란 사륜마차를 가리키는 '코치(coach)'로부터 비롯된 것으로, 사람을 목적지까지 운반한다는 의미에서 목표점에 다다를 수 있도록 인도한다는 의미로 변화하였다. 1830년 영국 옥스퍼드 대학에서 학생들의 시험통과를 돕는 가정교사 일을 가리키는 말로 사용되었고, 1861년에 이르러 스포츠 분야에서 사용되기 시작하였다.

지금도 영국에서는 택시를 코치라고 부르는데, 이는 집체 교육(training)의 어원인 기차(train)와 대비하여 코칭의 특성을 잘 설명한다. 풍부한 경험과 지식으로 지표를 제시해 주는 멘토링(mentoring)이나 지식을 전달해 주는 티칭(teaching), 상담과 조언 역할을 하는 카운슬링(counseling)과 달리 코칭은 계약관계로 맺어지고, 개인의 변화와 발전을 지원하는 수평적이고 협력적인 파트너십에 중점을 둔다. 성취를 이루려는 개인과 적극적으로 커뮤니케이션하고, 동기부여와 믿음을 심어주며, 스스로 문제점을 찾아 해결할 수 있도록 도와주는 일이라고 할 수 있다. [네이버 지식백과] 코칭 [coaching] (두산백과 두피디아)

1) 코칭의 5가지 스킬

질문스킬	상대의 잠재력을 끌어올리기 위해 특정 질문을 확대질문으로, 과거 질문을 미래 질문으로, 부정 질문을 긍정질문으로 한다.
경청스킬	코칭을 위해서는 코치이에게 마음을 열고, 눈을 열고, 귀로 잘 새겨들을 수 있어야 한다.
직관스킬	코치는 자신의 직관을 활용하여 코칭기술로 승화시키되, 생각하지 않고, 예측하지 않으며 리드하지 않는다.
자기관리스킬	코치는 자기 자신부터 스스로 관리할 수 있어야 한다.
확인스킬	코치이에게 있어서 중요한 사항을 확인하기 위한 기술로서 코치이의 미래와 현재, 과거를 확인한다.

2) 코칭의 GROW 모델

성공적인 코칭을 위한 4단계 질문 프로세스 모델이다.

① Goal: 목표 설정, 코칭 주제 설정

② Reality: 현실 점검, 변화를 위한 현재 위치 파악

③ Option: 대안 탐구, 실행 가능한 브레인스토밍 진행

④ Will(Wrap Up): 실행의지 확인 및 결론, 실행과 행동으로 옮김

〈표 3-2〉 GROW 모델

Goal	• 단기, 장기 목표 설정 및 회기별 목표 설정
	• 어떻게 되기를 원하십니까? • 성취했을 때 모습을 설명해 보시겠습니까? • 목표 달성을 파악하기 위해 목표를 계량화할 수 있습니까?
Reality	• 현재 어떤 상황이며 어떤 일이 일어나는가 탐색
	• 자신의 현재 위치를 어떻게 생각합니까? • 무엇을 개선하고 싶고 무엇을 할 수 있다고 생각합니까? • 무엇에 가장 열정을 느끼고 당신을 즐겁게 만듭니까?
Option	• 목표 달성을 위한 구체적인 세부방법 작성
	• 실행 가능한 해결책은 무엇이며 가장 중요한 것은 무엇입니까? • 해결책을 시행하기 위해 어떠한 자원이 필요하십니까? • 구체적인 실행계획은 무엇입니까?
Will(Wrap Up)	• 미래지향적 의지와 결론 도출
	• 어떤 해결책을 언제까지 할 수 있다고 생각하십니까? • 예상되는 장애나 위협요인은 무엇입니까? • 당신이 스스로 평가한 후, 이를 위해 어떤 지원이 필요하십니까?

3) 효과적인 질문

질문은 상호 간의 커뮤니케이션에 있어서 경청 이후에 상대방과의 대화를 깊이 있게 만들기 위한 적극적인 행동이다. 집중해서 듣는 자세뿐만 아니라 상황에 맞

는 적절한 질문을 하는 것 또는 원활한 의사소통의 핵심이라고 할 수 있다. 질문의 유형과 내용에 따라서 상대방의 대답이 달라질 수 있기 때문에, 질문을 하기 전에 질문의 유형과 내용에 대해서 생각하고 준비해야 한다.

(1) 효과적인 질문의 조건

질문은 말하는 사람이 스스로 자신의 문제를 인식하고 정리하는 기회를 제공할 뿐만 아니라 자기가 말한 내용에 대해 책임의식을 느끼도록 하는 효과를 가져다준다. 대화내용에 대한 상호 이해의 여부를 확인하도록 하며, 지적 자극을 통해 새로운 가능성을 발견하거나 방법을 모색하는 계기가 되기도 한다.

① 미래지향적이고 긍정적인 질문

- 과거형의 질문은 변명과 핑계를 유도한다. 문제의 원인을 타인에게 전가하기도 하며, 감정적 반응을 하는 경향이 있다. 반면 미래형의 질문은 무엇이든 해결책을 유도하게 되고, 그것을 위해 자기 자신이 무엇을 해야 할지에 대해서 이야기하게 된다.

- 부정형의 질문은 과거형의 질문과 마찬가지로 문제의 원인을 타인에게 전가해서 대답하거나, 해결책의 제시보다는 먼저 '안 된다'라는 부정적인 답변을 유도하는 경향이 있다. 반면 긍정적인 질문은 미래형의 질문과 같이 무언가 해결책을 제시하려 하고, 그것을 위해 자신이 무엇을 해야 할지에 대해 답하게 된다. 그리고 상대의 장점에 대해서도 생각하고 상호 협력할 수 있는 긍정적 방안을 찾으려 한다.

② 구체적이고 본질적인 질문

질문은 구체적 질문인가 추상적 질문인가, 본질적 질문인가 비본질적 질문인가에 따라 본질적인가와 비본질적인가는 질문의 내용이 삶이나 대화의 주제와 직접적으로 연결성을 가지고 있느냐와 관계가 있다. 질문의 내용이 삶이나 대화의 주제와 직접적으로 연결되고 상대로 하여금 새로운 시각을 가지고 깊이 생각하도록 하는 질문은 본질적 질문이고, 그렇지 않고 대화 주제와는 전혀 상관이 없거나 사소한 것에 대한 질문은 비본질적 질문이라 할 수 있다. 대화상황에 따라 달라질 수 있겠지만 원활한 소통을 위해서는 구체적이고 본질적인 질문하는 것이 좋다.

- 구체적이고 비본질적 질문
- 구체적이고 본질적인 질문
- 추상적이고 비본질적인 질문
- 추상적이고 본질적인 질문

③ 폐쇄형보다는 개방형의 질문

질문에 대하여 '예나 아니오'와 같이 상대의 선택을 요구하는 폐쇄형 질문보다는 '어떻게 생각하시나요?', '의견은 무엇입니까?', '어떻게 그런 생각을 하시게 되었나요?'와 같이 상대의 생각과 의견을 구하는 개방형의 질문이 좋다.

특히 코칭을 한다고 가정하면 상대방의 생각을 열게 하는 것이 중요하므로 열린 질문을 한다. 다양한 경우의 수를 생각하고, 여러 가지 방법으로 대답할 수 있는 여지를 준다. 열린 질문은 대부분은 '어떻게'와 '무엇을'이라는 문장을 사용하게 된다. 대부분의 '왜' 질문은 자신을 방어하게 만든다. 같은 상황이라도 '어떻게'라는 질문은 이유에 대해 변명하지 않고 미래 지향적으로 문제해결을 위한 방법을 찾아 대답할 수 있게 한다.

왜	어떻게, 무엇을
왜 늦었니?	어떻게 하려고 했니?
왜 그렇게 했지?	어떻게 하면 제시간에 도착할까?
왜 그걸 하니?	무엇을 하려고 하니?
왜 제때 끝내질 못한 거니?	어떤 장애물이 있니?
왜 그걸 거절했니?	거절하고 난 뒤 어떻게 하려는 생각이니?

4) 효과적인 피드백

피드백은 관찰된 행동이나 목표대비 성과에 대하여 객관적 평가와 의미 있는 메시지를 전달하는 것이다. 피드백은 의사소통 과정에서 서로의 생각과 정보가 분명하게 전달되었는지를 확인해 주는 역할을 한다.

특히 직장에서의 피드백은 특정인의 행동에 대해 상대방이 어떻게 생각하고 있으며 조직에 어떤 영향을 주고 있는지에 대한 정보를 본인에게 알려 주는 중요한 소통수단이다. 피드백은 자신의 행동을 되짚어 보고 개선하도록 촉진하며, 성과 달성을 용이하게 해 준다.

이와 같이 피드백은 과거 행동이나 성과에 대한 평가, 질책의 의미보다 향후의 성장과 발전을 위한 미래지향적 활동이다. 즉, 피드백은 바람직한 행동이나 성과를 유지, 강화하거나 잘못된 행동, 또는 기대에 미치지 못하는 성과를 개선하기 위한 것이다.

(1) 피드백의 핵심조건

피드백은 오랜 습관을 가지고 이야기하는 것이 아니며, 구체적인 사례를 놓고 그 안에서 한다. '너는 원래 그래, 왜 그런 행동을 그렇게 자주하느냐'는 식의 일반화하는 말은 상호 인간관계의 오해와 갈등만을 초래할 뿐이기에 반드시 지양해야 한다.

① 객관적 초점

피드백은 객관적 사실에 기초해서 구체적으로 해야 한다. 훌륭한 성과나 바람직한 행동에 대한 칭찬과 인정, 성과 부진이나 잘못된 행동에 대한 개선 요구에 초점을 맞춘다. 상대방의 인격이나 능력에 대한 판단이 되어서는 안 되며, 과거의 일을 다시 제기해서는 안 된다. 피드백은 당면한 문제에만 초점을 맞추는 것이다. 특히 화가 났을 때나 감정이 좋지 않을 때는 옛일을 들먹이지 않도록 한다.

② 적합한 메시지

피드백은 행동 개선이나 성과 부진을 해소할 수 있도록 유용한 정보나 실질적 조언을 제시해야 한다. 피드백 상황에서 적합한 메시지를 담고 있어야 한다.

상대방의 능력 수준에 맞추고, 상대방이 소화할 수 있도록 2~3개 정도를 제공하는 것이 바람직하다. 적합한 메시지가 있는 피드백을 위해서는 일관성, 수용성, 현실성의 세 가지를 갖추는 것이다.

③ 적절한 타이밍

피드백은 시기가 적절한 상황이여야 한다. 타이밍은 시간적 의미와 상대방이 피드백을 받아들일 수 있는 마음의 상태와 같은 심리적 요인과 피드백 장소, 분위기 등과 같은 물리적 환경도 포함한다.

(2) 피드백의 목적

① 긍정적 피드백

긍정적 피드백은 상대방의 장점에 입각해서 칭찬과 인정을 해 주는 것으로 자신감을 강화시켜 주는 효과가 있다. 행동 자체와 그 행동이 미치는 영향에 대해 구체적으로 언급하면서 신뢰를 보여 주고 칭찬을 한다.

- 행동: 구체적이고 과제에 대한 긍정적 행동에 대해 언급한다.
- 의도: 언급한 것에 대해 이해했는지 확인한다.
- 영향: 긍정적인 행동이 어떤 영향을 미치는지 언급한다.

② 발전적 피드백

발전적 피드백은 개선이나 발전이 필요한 부분을 구체적으로 언급하여 실행에 연결되도록 연결함으로써 변화와 성장을 이루도록 지원한다. 발전적 피드백은 서로를 위하고 있다는 믿음이 기반이 되어야 효과가 있고 지속적 관계에서 유용하게 작용한다. 발전적 피드백의 요소는 지원, 제안, 비중이다.

- 지원: 상대방의 성장과 변화를 위하는 따뜻한 마음을 표현할 것
- 제안: 적정한 방법을 제안할 것
- 비중: 긍정적 피드백을 주는 절반 이하의 비중으로 제공할 것

(3) 피드백의 유형

구분	개념	영향
강화	적극적인 피드백으로 바람직한 행동이나 결과에 대해 이야기하여 지지, 격려한다.	상대방의 자신감을 높이고 동기를 강화시킨다. 성과가 향상된다.
조언	기대에 미치지 못하는 행동이나 결과에 대해 이를 개선, 보완하기 위한 방법을 권유하거나 제안한다.	행동을 교정하고 성과를 향상시킬 수 있다.
침묵	아무런 반응을 하지 않는다.	자신감이 떨어지고 불안감을 초래한다.
비난	기대에 미치지 못하는 행동이나 결과에 대해 규명하고 지적하고 질책한다.	변명이나 핑계, 저항을 가져온다. 행동이나 성과를 왜곡한다. 상황을 회피한다. 관계를 악화시킨다.

Worksheet

1. 효과적인 질문의 조건에 맞는 질문을 만들어 보시오.

2. 발전적 피드백과 긍정적 피드백에 대해서 의미를 정리하고, 팀원들과 한 사람씩 돌아가며 발전적 피드백과 긍정적 피드백을 공유하시오.

♡ 구름은 고향이 없다 ♡

"가는 구름과
흐르는 물은
애초에 정해진 바탕이 없다."
일찍이 東坡(동파)는
자신의 시에서
"行雲流水(행운유수),
初無定質(초무정질)."이라 하였다.

누구도 바다의 고향을 묻지 않는다.
바다의 고향은 강이었고 개천이었고 계곡이었다.
그러나 그것이 바다에게 무슨 의미가 있겠는가?

황지우 시인은 말했다.
"길은,
가면 뒤에 있다."

돌아보면 누구나 자신의 '지나온 길'이 보이지만,
앞을 보고 걸을 때 '가야 했던 길'은
끝이 보이지 않는 정처 없는 길이었다.

인생에 정해진 길이란 없다.
오직
자신이 스스로 만들어 가는 것일 뿐이다.
방법은
언제나 내 안에서 찾아야만 한다.

비록
경로를 이탈한 변방의 아웃사이더에 불과할지라도
무의미한 인생이란 없다.
세상의 '경로'란 것도
세속이 만들어 낸 관습과 문화일 뿐,
모든 인생에게 똑같이 적용되는
고정 불변의 정언명령은 아니다.

모든 꽃이
반드시 봄에 피는 것은 아니다.
여름에도 피고 가을에도 피며
심지어는 겨울이 돼서야 피는 꽃도 있다.
사과나무와 떡갈나무가 자라는 속도가 다르듯
저마다 인생의 봄은
이렇게 서로 다른 법이다.

과거를 돌아보지 말자.
어차피 세월은 흘러갔고
구름은 소멸할 뿐이다.

바다에게 고향이 의미가 없는 것처럼~,
새는 날면서 뒤돌아보지 않는 것처럼~,
나그네는
갈 길이 남아 있을 때 행복한 법이다.

가지 않은 길이란
갈 수 없었던 길이 아니라
가기가 두려워 회피한 길이다.

가지 못했던 길에 대한 후회는
쉬운 길을 선택했던 자의 넋두리에 불과하다.

가지 못한 길을 뒤돌아보는 자보다
가지 않은 길을 걷는 자의 뒷모습이
더 아름답다.

그것이
길을 '아는 자'와
'걷는 자'의 차이이다.

누구나 인생을
순풍에 돛단 듯 순조롭게 살고 싶지만, 돌아보면
파란만장한 삶이 훨씬 더 아름답다.
어쩌면
행복이란 목적지에 있지 않고
목적지를 가는 여정에 있는지도 모른다. 오늘 나는
그 여정의 한 길목에 서 있다.

루쉰이 말했다.
"나는 생각한다.
희망이란 것은
본래 있다고도 할 수 없고
없다고도 할 수 없다.
그것은 마치
땅 위의 길과도 같은 것이다.
본래 땅 위에는 길이 없었다.
걸어가는 사람이 많아지면
그것이 곧 길이 되는 것이다."

나는너를 - 장현
https://youtu.be/mKWORF7frHA

PART 2

비즈니스 소통 커뮤니케이션

Chapter 04 이미지 커뮤니케이션

1. 이미지
2. 대인지각 이미지
3. 첫인상의 특징과 효과

Chapter 05 매너 커뮤니케이션

1. 직장 매너
2. 비즈니스 매너

Chapter 06 회의 커뮤니케이션

1. 조직 커뮤니케이션
2. 회의 커뮤니케이션
3. 온라인 커뮤니케이션
4. 문서 커뮤니케이션

Chapter 07 프레젠테이션 커뮤니케이션

1. 프레젠테이션 기본
2. 음성훈련
3. 온라인 프레젠테이션

이미지 커뮤니케이션

04 Chapter

학습목표

1. 비즈니스 소통에서 이미지의 개념과 이미지 메이킹을 이해하고 설명할 수 있다.
2. 비즈니스 소통에서 대인지각 이미지의 중요성을 이해하고 활용할 수 있다.
3. 비즈니스 소통에서 첫인상의 중요성을 이해하고 효과적으로 활용할 수 있다.

1. 이미지

1) 이미지

이미지란 마음속에 그려지는 사물의 '감각적 영상' 또는 '심상'을 말하는 것으로 라틴어 'Imago'와 'Imitary'에서 유래되었다. 이것은 '모방하다'의 의미로 상대방의 주관적 경험과 심리상황 등 여러 가지 요인에 의해 다르게 형성되는 것이다. 일반적으로 인간이 어떠한 대상에 대해 갖고 있는 선입견으로 볼 수 있다. 또한 이미지는 대상에 대해 가지고 있는 준거체계로서 대상에 대해 지각하는 모든 것과 반응행동을 결정짓는 태도나 느낌이다. 따라서 어떤 사물이나 사람을 봤을 때 떠오르는 단어, 감정, 생각, 느낌의 총체를 이미지라고 한다.

2) 이미지 메이킹

(1) 이미지 메이킹

현대사회에서는 인간관계에서 자신의 이미지를 T.(Time), P.(Place), O.(Occasion), 즉 시간과 장소와 상황에 맞게 연출하는 것이 중요하다. 이미지 메이킹은 개인이 추구하는 목표를 이루기 위해 자기 이미지를 통합적으로 관리하는 행위이자, 외적인 이미지를 강화하여 긍정적 내면 이미지를 끌어내며, 자신의 본질과 장점을 효과적으로 표현하는 일이다. 자신이 속한 사회적 지위에 맞게 내적 이미지와 외적 이미지를 최상의 모습으로 만들어 가는 것을 의미한다.

효과적인 이미지 메이킹을 위해서는 있는 그대로의 모습에서 자신의 바람직한 이미지를 만들어 가는 방법으로, 솔직하고 진실된 내면을 상대방에게 알리는 것이 중요하며, 자신과 유사한 인물을 모델링 하는 것도 방법이 될 수 있다. 모방전략은 쉽게 자신의 이미지를 전달할 수 있지만 모방에서 끝나지 않고 자신의 개성과 매력을 더해서 새로운 이미지를 구현하려는 장기적인 노력이 필요하다.

특히 현대사회를 '자기 PR' 시대라고 하는 것은 자신의 이미지를 관리한다는 말과 비슷한 의미로 개인의 이미지가 경쟁력이 되는 시대가 되었음을 뜻한다. 타인으로부터 호감과 신뢰를 얻는 것은 개인의 영향력 확대와 함께 조직에서도 영향을 미친다는 점을 간과할 수 없다.

(2) 이미지 관리

이미지 관리란, 타인이 자신을 어떻게 인식하고 있는지를 파악하고, 그에 맞는 이미지를 형성하고 관리하는 과정을 말한다. 이미지 관리는 개인의 삶과 직업에서 매우 중요한 역할을 한다. 자신을 원하는 대로 바꾸는 것은 쉽지 않지만, 이미지 관리를 통해 자신의 이미지를 개선할 수 있다. 이미지 관리 과정은 크게 4단계로 나눌 수 있다.

첫 번째는 이미지 진단과 점검으로 자신의 이미지를 정확하게 파악하는 것이다. 자신의 장점과 단점, 그리고 타인이 자신을 어떻게 인식하고 있는지 파악하며, 이미지 진단을 위해서는 자기분석, 타인 평가, 전문가 평가 등을 활용할 수 있다.

두 번째로 이미지 진단을 통해 자신의 이미지를 정확하게 파악했다면 원하는 이미지 콘셉트를 설정한다. 원하는 이미지는 자신의 가치관, 목표, 직업, 성격 등을 고려하여 설정하는 것이 좋다.

세 번째 단계는 이미지 실천을 통해 이미지를 만들어 가는 것이다. 원하는 이미지를 설정했다면, 이를 실천해야 한다. 이미지 실천은 외적 이미지와 내적 이미지를 모두 포함한다. 외적 이미지는 옷차림, 헤어스타일, 화장, 자세, 태도 등을 통해 관리할 수 있으며, 내적 이미지는 자신의 가치관, 생각, 행동 등을 통해 관리할 수 있다.

마지막으로 이미지 관리는 꾸준한 노력과 실천이 필요하기에 이미지 습관과 내면화를 위한 노력이 필요하다. 하루아침에 이미지를 바꾸는 것은 불가능하지만, 꾸준히 노력하다 보면 원하는 이미지를 얻을 수 있다.

이미지 관리를 통해 자신의 장점을 부각하고, 단점을 보완함으로써 자신감과 매력을 높일 수 있으며 이미지 관리는 자신을 더 나은 사람으로 만드는 데 도움이 될 수 있다.

■ Tip 이미지 관리를 위한 구체적인 방법

외적 이미지 관리

- 자신에게 어울리는 옷차림과 헤어스타일을 선택한다.
- 피부 관리와 체형 관리를 한다.
- 바른 자세와 당당한 태도를 갖는다.

내적 이미지 관리

- 자신의 가치관과 목표를 명확히 한다.
- 긍정적인 사고와 행동을 한다.
- 자신감과 진정성을 갖는다.

이미지 점검하기 → 이미지 콘셉트 정하기 → 좋은 이미지 만들기 → 이미지 내면화하기

2. 대인지각 이미지

1) 대인지각 이미지 중요성

대인지각 이미지는 타인의 다양한 특성에 대한 전반적인 지각으로 타인을 만났을 때 느끼게 되는 내적, 외적, 음성, 언어 표현적, 사회적 이미지를 인지하는 과정으로, 객관적이고 논리적이기보다는 자신의 경험이나 사고를 바탕으로 주관적으로 행해지며 자신의 고정관념 등에 의해 영향을 받는다.

특히 대인지각에서 첫인상은 처음 만난 2~10초 내에 결정되어 처음 만나서 받은 이미지는 머릿속에 남아서 쉽게 사라지지 않는다. 한번 결정된 부정적인 첫인상을 바꾸는 데는 많은 노력과 시간이 소모되므로 첫인상 관리는 매우 중요하다. 일반적으로 처음 사람을 만났을 때 보여지는 것에 의해 1차적 판단을 하고, 대화를 해 본 후에 2차적 판단을 하며, 간혹 성격이나 실력까지 관찰하고 추측하기도 한다.

캘리포니아 대학교 로스앤젤레스 캠퍼스의 심리학과 명예교수인 앨버트 메라비언(Albert Mehrabian)의 『Silent Message』(1971)에 의하면 이미지 메이킹은 커뮤니케이션에서 매우 중요한 요소이며, '시각 이미지'는 자세, 용모와 복장, 제스처 등 외적으로 보이는 부분을 말하며, '청각 이미지'는 목소리톤이나 음색처럼 언어의 품질을 말하고, '언어'는 말의 내용을 말한다고 저술하고 있다.

앨버트 메라비언에 의하면 상대방이 하는 말의 내용이 차지하는 비중은 7%, 반면에 말을 할 때의 태도나 목소리 등의 청각적 요소가 38%, 시각적 요소가 55%로 대화 내용과 직접적으로 관계가 없는 요소가 93%로 이미지 판단을 좌우한다고 설명했다.

2) 대인지각 이미지 요소

이미지	요소
I(Intelligence)	지적 이미지
M(Mask)	표정 이미지
A(Attitude)	태도 이미지
G(Grooming)	복장 이미지
E(Emotion)	감성 이미지
V(Voice)	음성 이미지

3) 대인지각 이미지 형성 단계

① 1단계 주목단계

타인의 외적인 이미지를 지각하는 단계이다.

② 2단계 즉각적 판단단계

지각된 이미지를 긍정과 부정으로 판단하는 단계이다.

③ 3단계 원인 귀속단계

외적 행동(신분, 지위, 성별 등)과 내적 요인(자아 정체감, 욕구, 경험 등)을 판단하는 단계이다.

④ 4단계 성격특성 추측단계

타인이 생각하고 있는 특성들을 판단하는 단계이다.

⑤ 5단계 인상 형성단계

앞 단계에서 지각된 타인의 이미지를 바탕으로 조금 더 세밀히 인식하고 지각하는 단계이다.

⑥ 6단계 행동 예측단계

지각했던 결과들이 산출되고 반응하는 단계로 타인의 행동을 미리 예측하는 단계이다.

3. 첫인상의 특징과 효과

1) 첫인상의 특징

신속성	첫인상이 전달되는 시간은 아주 짧은 한순간에 순간적으로 각인된다.
일회성	처음 한번에 전달되며 각인된 정보는 평생 기억에 남으며, 변화되지 않는 일회성이다.
주관성	개인의 숨겨진 내면이나 성향을 확인하지 않고, 보이는 모습만을 통해 평가하는 사람의 판단과 가치관에 따라 일방적으로 인식되고 형성된다.
연관성	개인의 주관적 연상을 통해 형성되므로 불확실하다. 실제 인물과는 다른 사람으로 떠올리거나 평소 머릿속에 인지하고 있던 정보와 혼동하여 첫인상으로 입력될 수 있으므로, 이런 오류를 인식하고 자신이 타인에게 어떻게 보이는가에 대해 신경을 써야 한다.

2) 첫인상 효과

(1) 초두효과

처음에 제시된 초기 정보가 나중에 제공된 정보보다 인상 형성에 더 큰 비중을 차지한다. 이미 만들어진 부정적 인상을 긍정적 인상으로 만드는 데 적어도 7시간에서 40시간을 투자하고 노력해야 회복이 가능할 만큼 시간이 많이 소요된다.

(2) 부정성효과

부정적인 특징이 긍정적인 특징보다 인상 형성에 더 강력하게 작용하는 것을 말한다. 사람들은 타인의 인상을 평가할 때 대부분 긍정적으로 평가하지만, 어떤 부정적인 정보가 나타나면 다른 긍정적인 정보보다 부정적인 것에 더 큰 비중을 두고 인상을 평가한다는 것이다.

(3) 악마효과

보이는 외모로 모든 것을 평가하여 상대를 알기도 전에 부정적인 것을 보는 순간 부정적으로 판단해 버리는 것을 말한다. 일종의 편견을 말한다.

(4) 최신효과

초두효과와 반대되는 개념으로 타인에 대한 정보 중 나중에 들어온 정보가 먼저 들어온 정보보다 인상 형성에 더 중요하게 영향을 미치는 효과이다.

(5) 후광효과

어떤 사람이 가지고 있는 장점이나 매력으로 다른 특성들도 좋게 평가되는 효과로서 첫 만남에서 호감을 느낀 대상에 대해서는 매력적이고 지적이고 관대하다는 등의 평가를 하게 된다. 어떤 대상이나 사람에 대한 일반적인 견해가 그 대상이나 사람의 구체적인 특성을 평가하는 데 영향을 미치는 현상을 말하며 '광배효과(光背效果)'라고도 한다.

(6) 맥락효과

지혜로운 사람이 머리가 좋으면 현명하게 생각되고, 이기적인 사람이 머리가 좋으면 교활할 것으로 해석되는데, 처음 인지된 이미지가 이후 형성되는 이미지의 판단기준이 되고, 전반적인 맥락을 제공한다는 것이다.

Worksheet

1. 긍정적인 이미지 관리(외적 이미지와 내적 이미지)를 위해 본인이 노력하고 있는 점은 어떤 것이 있는지 공유하시오.

2. 자신의 대인지각 이미지 형성을 위해 단계별로 노력해야 할 실천 계획을 정리하시오.

매너 커뮤니케이션

05 Chapter

학습목표

1. 직장 매너를 이해하고 상황에 맞게 적용할 수 있다.
2. 비즈니스 매너를 이해하고 상황에 맞게 활용할 수 있다.

1. 직장 매너

1) 근무 매너

(1) 출근 매너

① 출근 시

출근 시간에 딱 맞추기보다는 근무를 위한 주변과 업무 준비를 위해 여유 있게 출근하여, 출근 후 하루 일정을 정리하고 계획한다. 윗사람, 동료, 후배들이 출근하면 밝게 인사하여 업무를 활기차게 시작할 수 있도록 한다.

부득이 하게 지각을 하게 되는 경우는 회피하지 말고 신속하게 연락을 취하고, 사유를 먼저 보고한다. 자리를 비우는 경우는 상사에게 보고하고 자신의 업무에 차질이 없도록 동료의 협조를 구하여 일에 방해되지 않도록 한다.

② 근무 중

직장 내 모든 사람들에게는 예의를 지키고 매너 있게 행동하여 건전하고 슬기로운 직장 생활의 기틀을 마련한다. 근무 중에는 개인적인 잡담과 사적인 행동은 자제하며, 자기 주변 정리를 철저히 한다. 공동물품은 다른 사람이 사용할 때 불편하지 않도록 제자리에 두고 마무리를 잘 한다.

점심시간과 휴식시간을 명확히 해서 업무의 효율성을 높이고, 부득이하게 자리를 비우는 경우는 상사에게 보고하고 허가를 받는다. 출장과 외근 시에는 목적, 장소, 시간을 보고하여 동선을 공유한다.

③ 퇴근 후

자신의 일은 마무리를 하여 다음 날 업무에 차질이 없도록 하고 퇴근한다.

주인의식을 갖고 시설물의 전원과 잠금 장치를 확인하며, 먼저 퇴근하는 경우는 인사말로 퇴근을 밝히고 일하는 사람에 대한 예의를 지켜 상호 간에 정중함을 유지한다.

■ **퇴근할 때 인사말**

예) 먼저 퇴근하겠습니다.
먼저 가 보겠습니다.
더 이상 용무는 없습니까? 없다면 먼저 퇴근해도 괜찮겠습니까?

(2) 호칭매너

① 상사에 대한 호칭

상사에게는 성, 직위 또는 직급, '님'을 붙인다.	• 김 부장님 • 박 팀장님
상사를 직접 부를 때는 성을 빼고 직급을 부른다.	• 이사님 • 팀장님
다른 부서의 상급자에게는 부서명, 직위 또는 직급, '님'을 붙인다.	• 혁신팀장님 • 인사부장님

② 아랫사람에 대한 호칭

아랫사람에게는 성, 직위 또는 직급, '님'을 붙인다.	• 김 부장님 • 박 팀장님 • 000님
직접 부를 때는 성을 빼고 직급을 부른다.	• 이사 • 팀장 • 00님
다른 부서의 상급자에게는 부서명, 직위 또는 직급, '님'을 붙인다.	• 혁신팀장님 • 인사부장님 • 000님

③ 동료 간의 호칭

동료 혹은 동급자는 성과 직급 또는 직위를 부른다.	• 이 대리 • 00 씨 • 00 님

④ 틀리기 쉬운 존칭

상사에 대한 존칭은 호칭에만 쓰고 사무실에는 쓰지 않는다.	• 사장님실(X) • 사장실(O)

문서에는 상사의 존칭을 생략한다.	• 부장님 지시(X) • 부장 지시(O)
상사 당사자가 동석하여 지시사항을 전달할 경우 '님'을 붙인다.	사장님 지시사항을 전달하겠습니다.

⑤ 경어사용

	겸양어(자신을 낮추는 말)	존경어(상대를 높이는 말)
묻다	여쭙다	문의하다
말하다	말씀드립니다	말씀하시다
보다	봅니다	보시다

■ **자주 사용하는 잘못된 표현**

1. "커피 나오셨습니다." "이건 신제품이십니다."
   → 사물존칭은 잘못된 표현으로 존칭은 사람에게 사용한다.
2. "고객님"
   → 고객이라는 단어에는 이미 찾아온 손님이라는 의미가 담겨 있기 때문에 이중적 의미가 되어 손님으로 사용하는 게 좋다.
3. "부장님 점심식사 하셨어요?"
   → 식사는 아랫사람에게 사용하는 말로 아침, 점심, 저녁으로 사용한다.
4. "부장님 진지 드셨어요?"
   → 진지는 가정 내에서 쓰는 경어로써 직장 내에서는 사용하지 않는다.
5. "우리 남편이 출장 가셨어요."
   → 자신의 배우자에 대해 직장에서는 상사나 동료 앞에서는 높임말을 쓰지 않는 것이 바람직하다.

2) 음주매너

(1) 기본 매너

상석은 벽을 등지고 앉거나, 출입문을 바라볼 수 있는 자리이며, 차 상석은 최상석의 맞은편 자리이다. 연장자나 모임의 주체가 되는 사람이 도착 전이라면 상석을 비워 둔다. 술자리에서 먼저 일어나는 경우는 사전에 양해를 구한다.

(2) 술을 주고받는 매너

웃어른이나 상사에게 먼저 잔을 올리는데 이때 '제가 한 잔 올려도 되겠습니까' 하고 묻는 것이 예의이다. 술을 따를 때는 공손하게 앉아 무릎을 꿇거나 오른쪽 무릎을 세운 자세로 따르며, 테이블인 경우에는 일어선 자세로 따른다.

잔을 올릴 때 왼손 손목으로 오른손 손목을 가볍게 받치고 따른 다음, 예전에는 술잔을 받고 난 뒤에는 곧바로 연장자에게 술을 권하는 것이 상례이나 요즘에는 건강상의 이유로 거절하는 경우가 있기 때문에 반드시 상대한테 확인한 뒤 술잔을 권해야 한다.

① 술잔 받기

술을 마시기 어려운 경우에 술자리에서 술을 잘 마시지 못한다는 이유로 술잔을 받지 않는 것은 결례가 될 수 있으므로 술잔을 입술에 대는 정도로 예를 표한다.

술잔을 받을 때는 술잔을 오른손으로 받으며, 이때 가볍게 목례를 하며 감사를 전한다. 술잔을 받은 후 바로 내려놓는 것이 아니라 입에 대는 정도의 예의를 표하고 내려놓는다.

술잔의 3분의 1 정도는 항상 남겨 놓고 다른 사람이 권할 때 비우고 받는 게 예의 이지만, 시대적 상황에 따라 상황에 맞는 예의범절과 행동이 필요하다.

② 술 마시기

윗사람이나 상사가 술을 들기 전에 먼저 마시지 않는 게 우리나라 전통적인 예의이며, 상급자나 나이가 많은 사람 앞에서는 얼굴을 살짝 돌려서 마신다. 술이 독하거나 쓰다고 과도하게 눈살을 찡그리거나 소리를 내지 않도록 한다.

3) 경조사매너

사회생활에서는 경조사에 참석하면서 사람에 대한 신뢰감을 쌓고 좋은 인간관계를 유지할 수 있다. 경조사는 사람이 살아가면서 겪게 되는 사건으로서 경사스러운 일이 생기면 축하해 주고 같이 나누며, 궂은 일이 생기면 슬픔을 나누는 공동체적 상부상조의 문화이다.

경조사에 있어 상부상조의 행위는 정서적으로 그리고 경제적으로 어려운 문제들을 해결하는 데 도움이 되어 왔다.

오늘날에는 사회생활을 영위하는 일환으로 사회 구성원들에게 행동의 방향을 제시하는 예절로 일정의 규범적 성격을 띤다. 직장생활에서 지켜야 할 경조사 매너에 대한 올바른 방법과 바른 인식을 가지고 좋은 인간관계를 유지할 수 있도록 한다.

(1) 결혼

결혼을 축하하는 경우는 직장동료나 선후배 혹은 직장상사의 자녀의 결혼에 참석하는 것으로 당사자나 그의 부모에게 축하의 인사말과 축의금을 전하는 것이다. 결혼식은 경사로 개인적으로나 비즈니스적으로 결혼식에 초대를 받게 되면, 먼저 축하의 인사말을 전달하며 경조사에 참석하면서 상호 신뢰감을 쌓는 기회가 되고 좋은 인간관계를 유지할 수 있다.

결혼식은 10분 전에는 도착해 여유 있게 예식을 기다리는 것이 예의이다. 의상은 밝고 화사한 옷으로 입되 흰색은 피하고, 남성의 경우 정장에 밝은색 타이로 화사하게 연출한다. 결혼식장 내에서 신랑, 신부에 대한 험담을 하지 않는다.

축의금 봉투의 앞쪽에는 축하 문구를 쓰고, 뒤쪽 아래에는 보내는 사람의 이름을 적고 봉하지 않는다.

선물을 할 경우, 사전에 필요한 것을 물어보고 선물하는 것이 더욱 성의 있고 기억에 남는 선물이 될 수 있다. 축결혼(祝結婚), 축화혼(華婚) 등의 말을 쓴다. 예전에는 축결혼은 남자에게, 축화혼은 신부에게 적었는데 결혼을 아름답게 칭하는 말이다. 나와 동일하거나 아랫사람에게는 축결혼을, 어렵거나 윗사람일 경우는 축화혼이 예의에 맞다. 요즘은 결혼식장 입구에 미리 문구가 프린트 되어 있는 봉투가 준비되어 있는 경우가 많다.

(2) 문상

문상은 조상과 조문을 함께 이르는 말로 조상은 죽은 이에게 예를 표하는 것이다. 조문은 상주나 상제에게 위로의 말과 인사를 하는 것을 말한다.

문상을 갈 때에는 검정색 옷이 예의지만 그렇지 못할 경우 내가 가지고 있는 옷 중에 가장 어두운 색의 옷을 입고 가도록 한다.

남자의 경우 흰색 드레스 셔츠를 입는 것이 좋고, 여성의 경우는 너무 붙는 의상이나 짙은 화장, 액세서리는 피하도록 한다. 남녀 모두 양말이나 스타킹을 갖추어 신어 맨발로 절하지 않도록 하며, 양말과 스타킹의 색상은 검은색이 좋다.

상제들의 피곤함을 생각하여 너무 이른 시간이나 너무 늦은 시간에는 피하도록 한다.

- 영전에 꿇어앉거나 서서 향을 피운다.
- 잠시 명복을 비는 묵념을 한다.
- 절을 두 번 올리고 일어서서 반절을 한다.
- 종교가 있는 사람은 종교 의식에 따라 기도 또는 묵념을 한다.
- 상주에게 맞절을 한다. 일어서서 뒷걸음으로 몇 발자국 물러난 다음 몸을 돌려 나온다.
- 헌화를 하는 경우 헌화할 꽃을 받거나, 한 개 잡아서 가슴 앞쪽에 들고 영전 앞으로 간다.
- 두 손으로 영전에 천천히 올려놓되 고인에게 꽃을 드린다는 의미에서 조문객 쪽으로 꽃봉오리가 향하게 올린다.
- 물러서서 묵념 또는 기도를 한다.
- 상주 앞으로 와서, 서서 정중례를 한 다음 위로의 말을 전한다.

2. 비즈니스 매너

1) 방문매너

약속 시간은 사전에 조율하여 정하되, 식사시간 전후나 바쁜 회의시간은 피한다. 준비해야 할 홍보자료, 설명서, 메모수첩, 명함 등을 준비하며, 갑작스러운 용무나, 급하게 방문하는 경우에는 전화로라도 사전에 꼭 양해를 구한다.

약속시간 5~10분에 도착하여 너무 이르거나 늦지 않도록 하며, 약속시간에 늦을 경우는 미리 알려 준다.

2) 인사

(1) 인사 유래

상대방에게 해치지 않겠다는 신호, 무장해제의 신호에서 유래되었다고 한다. 사회생활에 있어서 가장 기본이 되는 것으로 복잡한 인간관계를 원활하게 하기 위한 일정한 형식 또는 의례적인 상호행위이다. 또한 인사는 상대방의 인격을 존중하고, 배려와 친근함을 표현하는 행위이며 자신의 인격과 교양을 드러내는 가장 기본적인 인간관계의 예절 표현이다.

(2) 인사 방법

상대방을 향해 상대방을 존중하고 자세를 취함으로써 인사를 한다는 의미를 전달한다. 공수 자세를 취한 후 멈춰 서서 인사한다. 일반적으로 30보 이내에서 마주칠 경우 인사하고, 가장 좋은 시점은 6보 정도 앞이며 시선을 마주하는 거리에서 인사한다.

인사는 상황에 따라 목례, 약례, 보통례, 정중례로 한다. 실내나 복도에서 자주 마주치거나, 상대방이 무거운 짐을 들고 있을 때, 통화 중일 때는 눈으로 예의를 표하는 목례로, 허리를 15도 정도 숙여서 하는 약례는 협소한 공간, 화장실과 같은 개인적인 공간, 손 씻는 사람에게 인사하는 경우, 동료나 친한 사이에서 한다. 일반적으로 가장 많이 하는 30도 보통례는 허리를 30도 정도 숙여하 하며, 처음 보는 고객이나 정중한 첫 만남, 깊은 사과, 감사를 표할 때는 45도 정중례로 허리를 숙여서 인사하는 것이 바람직하다.

■ 공수

평상시에는 남자는 왼손이 여자는 오른손이 위로 가도록 두 손을 포개어 잡으며, 흉사 시에는 반대로 남자는 오른손이 여자는 왼손이 위로 가도록 잡는다. 국어사전에 공수(拱手)라는 낱말은 두 손을 마주 잡아 공경의 뜻을 나타내며, 그런 예(禮)라고 실려 있다. 옛 문헌에서는 '깍지 낄 차'와 '손 수' 자를 써서 차수(叉手)라고도 한다.

3) 악수

(1) 악수 유래

고대자료에서는 신에게서 지상 통치자에게 권력이 이양되는 것을 의미한다고 기록되어 있다. 그리스인들은 손을 들어서 신에게 비는 행위를 하였는데 두 손바닥을 맞붙이는 동작은 아랫사람이 윗사람에게 경의를 나타내는 방법이었다고 한다. 또한 이집트 시대의 동사인 '주다'라는 표현이 상형문자로 손을 내민 모양을 나타낸다고도 하며, 중세 유럽에서 대부분 남자들이 싸움에 대비해서 오른손에 늘 무기를 가지고 다니다가 싸울 일이 없는 사람을 만난 경우 손에 무기를 지니고 있지 않음을 보여 줌으로써 화해와 평화의 제스처가 악수가 되었다는 유래가 있다.

(2) 악수 방법

악수는 원칙적으로 오른손으로 하며 눈—손—눈의 3점법의 순서로 적당한 힘을 주어 2~3번 정도 가볍게 흔든다.

악수할 때는 연장자가 연소자에게, 여성이 남성에게, 선배가 후배에게, 상급자가 하급자에게, 기혼자가 미혼자에게 먼저 청하는 것이 예의이다.

4) 소개

(1) 소개 방법

소개 시는 소개를 받는 사람이나 소개되는 사람 모두 일어서는 것이 원칙이며, 지위가 높은 사람이나 성직자, 모임에서 가장 높은 사람을 소개할 경우 모두 일어나는 것이 원칙이다. 소개가 끝나면 소개를 받은 사람이 상대방에게 먼저 인사를 청하여 악수나 목례를 나눈다.

(2) 소개 순서

소개는 다음과 같은 순서로 하는 게 일반적이다.

- 하급자를 상급자에게
- 남성을 여성에게
- 후배를 선배에게
- 연소자를 연장자에게
- 연소자를 손님에게
- 회사사람(직원)을 고객에게
- 미혼자를 기혼자에게

5) 명함

(1) 명함 유래

우리나라에서는 구한말 민영익이 나라를 대표하여 구미를 순방할 때 사절단의 자격으로 만든 명함이 시작이라고 여겨지며, 중국에서는 방문한 집에 사람이 없을 경우 대나무를 깎아 이름을 적어 남겨 두던 관습에서 비롯되었다고 한다. 프랑스는 루이 14세 때에 생겨나 루이 15세에 현재와 같은 인쇄모양의 명함이 사교 목적으로 사용되었다고 하며, 독일에서는 16세기경 작은 종이에 소속과 이름을 적어 사용했다고 한다. 서양에서는 사교용 명함과 업무용 명함을 구분하여 사용했는데 사교용 명함은 초대를 받고 감사의 표시와 참석여부를 표시하는 방문카드로 쓰였으며 꽃, 선물 등을 보낼 때에 이름과 주소를 남기는 용도로 사용하였다.

(2) 주고받는 방법

상대방에게 자신에 대한 정보를 제공하는 동시에 자신이 소속한 조직을 나타내는 첫인상이기에 매우 중요한 역할을 한다.

〈표 5-1〉 **명함 주고받는 법**

명함 줄 때	• 일어서서 오른손으로 상대방이 읽기 쉬운 방향으로 본인 소개와 함께 건넨다. • 아랫사람이나 방문한 쪽에서 먼저 주는 것이 예의이다. • 윗사람과 함께 건네는 경우는 윗사람이 건넨 다음 건넨다. • 동시에 교환하는 경우에는 오른손으로 건네고, 왼손으로 받은 후 나머지 손으로 받쳐 든다. • 비즈니스 경우 만날 사람의 대략 3배수로 준비하며, 명함 집에 보관한다.

명함 받을 때	• 일어서서 두 손으로 인사말과 함께 받고 자신의 명함도 바로 건네도록 한다. • 명함의 여백 부분을 잡고 공손히 받쳐 든다. • 어려운 한자나 영어는 그 자리에서 물어보도록 한다. • 명함을 받은 손이 허리 아래로 내려가지 않도록 하며, 바로 집어넣은 것은 실례이다. • 대화가 연장될 경우는 테이블 위에 놓고 직위나 이름을 언급하며 이야기를 나누는 것이 좋다.

6) 상석

윗사람이나 방문객에게는 상석을 권하는데 출입구 쪽에서 가장 먼 곳이 일반적으로 상석이다.

창문이 있는 경우는 경치를 볼 수 있고, 사무실과 함께 있는 경우는 책상에서 멀리 떨어진 자리가 상석이며, 주빈의 오른쪽을 상석으로 본다. 단, 상대방이 편하다고 생각하면 그 자리를 상석으로 봐도 무방하다.

Worksheet

1. 직장생활에서 지켜야할 것들에 대해서 정리해 보시오.

2. 비즈니스 커뮤니케이션 상황에서 바람직한 상황 또는 불편한 상황의 경험에 대해서 이야기 나눠 보시오.

06 Chapter 회의 커뮤니케이션

학습목표

1. 조직 커뮤니케이션을 이해하고 설명할 수 있다
2. 회의 커뮤니케이션을 이해하고 상황에 맞게 활용할 수 있다.
3. 온라인 커뮤니케이션을 이해하고 적용할 수 있다.
4. 비즈니스 문서를 이해하고 상황에 맞게 활용할 수 있다.

1. 조직 커뮤니케이션

1) 조직 커뮤니케이션 이해

조직 목표의 성공적 수행뿐만 아니라 조직구성원 간의 신뢰감을 형성하고 업무의 시너지 효과를 창출, 직장 내 분위기를 긍정적으로 조성하기 위해 구성원 간의 의사전달 시스템과 분위기 조성은 중요하다. 구성원 각자가 의사소통의 중요성을 깨닫고 참여의식과 스스로 노력하려는 마음을 가져야 하는데, 그렇지 못할 경우 잘못 전달된 메시지로 인해 예상치 못한 결과와 손실의 발생은 피할 수 없게 되기 때문이다. 조직에서의 커뮤니케이션은 성격과 내용에 따라 업무적, 창의적, 정서적 커뮤니케이션의 3가지 유형으로 나눌 수 있다. 업무적 커뮤니케이션은 일상적 업무수행과 직접적으로 관련이 있는 것으로 업무지시와 보고, 피드백 및 정보공유 등을 포함한다. 창의적 커뮤니케이션은 새로운 아이디어의 창출을 촉진하는 소통을 의미하며 비전 제시와 아이디어 제안, 부서 간 협업 등을 포함한다. 정서적 커뮤니케이션은 인간관계 및 직장생활의 질과 관련된 감성적 커뮤니케이션으로 조직구성원 간 교류와 공감, 상하 간 배려와 이해 등을 포함한다.

전달방법에 따라 공식적 커뮤니케이션과 비공식적 커뮤니케이션으로 구분하며, 성격과 내용에 따라 업무적, 정서적, 창의적 커뮤니케이션으로 구분한다.

2) 조직 커뮤니케이션의 구분

(1) 방법에 따른 구분

① 공식적 커뮤니케이션

- 하향적 커뮤니케이션: 조직의 위계나 명령에 따라 상급자로부터 하급자에게 전달되는 명령이나 지시를 포함하는 커뮤니케이션
- 상향적 커뮤니케이션: 하급자의 성과나 의견, 태도 등을 상부로 전달하는 과정으로서 조직 내의 쌍방적 커뮤니케이션이 가능
- 수평적 커뮤니케이션: 조직 내에세 위계수준이 같은 구성원이나 부서 간의 커뮤니케이션을 의미하는 것으로서 상호작용적인 커뮤니케이션

② 비공식적 커뮤니케이션(그레이프바인: Grapevine)

- 조직의 커뮤니케이션은 공식적 체계뿐만 아니라 자생적으로 형성된 비공식적 체계도 존재한다. 이러한 비공식적 커뮤니케이션 체계를 포도넝쿨과 닮았다 하여 '그레이프바인(Grapevine)'이라고 칭한다.

- 오늘날 비공식적 커뮤니케이션을 지칭하는 의미로 사용한다.
- 미국의 남북전쟁 당시 전신체계가 엉망이어서 정보의 전달과 수신상태에 문제가 발생한 데서 유래하였다.

- 직무(職務): 직책이나 직업상에서 책임을 지고 담당하여 맡은 사무. '맡은 일'로 조직 내에서 수행하는 구체적인 업무를 의미
  예) 영업직, 개발직, 마케팅직 등
- 직책(職責): 직무에 부여된 책임과 권한
  예) 팀장, 부장, 이사 등
- 직위(職位): 직무에 따라 규정되는 사회적 · 행정적 위치, 등급
  예) 사원, 대리, 과장, 차장, 부장 등
- 직급(職級): 직무의 등급. 일의 종류나 난이도, 책임도 따위가 상당히 비슷한 직위를 한데 묶은 최하위의 구분 조직으로 조직 내에서의 지위와 신분
  예) 사원, 주임, 대리, 과장, 차장, 부장, 이사, 상무, 전무, 부사장, 사장 등

3) 조직 커뮤니케이션의 장애 요인

(1) 조직 커뮤니케이션의 장애 요인

① 업무적 부분: 불명확한 업무 지시와 피드백 부족

업무와 관련된 정보공유가 잘 안되며, 업무지시가 애매하고, 시키는 대로 하라는 일방적 업무지시가 업무적 커뮤니케이션의 문제로 제기된다. 보고 결과에 대한 피드백이 부족하고, 보고자의 말을 자르며 자기 생각만 말하는 상사가 다수인 경우가 있다.

간혹 팀원들은 창의적인 제안에 대해 책임지고 실행해야 한다는 부담감으로 창의적인 제안이 부족하다고 인식하고 있으며, 반면 경영진은 주어진 업무만 하려는 직원들의 소극적인 태도를 문제점으로 제기하고 있다.

(정보와 업무의 과다, 메시지 복잡성, 상이한 직위와 과업지향성, 잘못된 매체의 선택 등)

② 구조적 부분: 부서 이기주의와 쌍방향 의견 · 정보 교류 미흡

커뮤니케이션의 결정적인 구성요소인 신뢰의 부족과 불신에서 오는 것으로, 개방되고 긍정적이며, 비위협적인 분위기는 커뮤니케이션의 효과를 증대시킬 수 있고 그렇지 못한 분위기는 커뮤니케이션의 장애가 된다. 조직 내 커뮤니케이션은 누가 누구에게, 그리고 누가 의사결정의 권한을 갖고 있는가 등의 공식적인 제한에 따라 영향을 받고 있으므로, 조직구조가 어떻게 되어 있는가에 따라서는 커뮤니케이션의 장애 요인이 될 수 있다

(신뢰의 부족, 폐쇄된 커뮤니케이션 분위기, 비윤리적인 커뮤니케이션 등)

③ 정서적 부분: 경영진의 관심과 노력, 칭찬과 격려 부족

고충을 해결하려는 상사와 경영진의 노력이 부족하고, 고충이 있어도 쉽게 말할

수 없는 경직된 조직 분위기가 존재하며, 서로를 칭찬하고 지지, 격려하는 분위기가 아니라고 생각하고 있다.

(경직된 조직 문화, 결과 중심주의 조직문화 등)

(2) 장애로 발생되는 현상

- **낭비**: 시간의 낭비, 금전의 손실, 비효율적인 업무 등
- **업무장애**: 내부고객 만족을 이루지 못한 데서 오는 업무장애
- **업무손실**: 재작업으로 인한 업무손실
- **미달과 거부**: 기대 수준에 미달되는 업무상담

■ 아이 컨텍(Eye Contact)

효과적인 의사소통을 할 수 있는 아이컨텍! 하지만, 지나치게 오래 시선을 맞추거나, 뚫어지게 보는 것은 상대방에게 불쾌감을 줄 수 있다. 상황에 맞게 적절하게 아이컨텍을 사용하는 것이 중요하다!

- 관심과 집중: 상대방의 말에 관심과 집중의 표현
- 신뢰감: 상대방에 대한 신뢰 표시
- 자신감: 자신감의 표현
- 존중: 상대방에 대한 존중의 표현

4) 효과적인 조직 커뮤니케이션 개발방법

조직에서 상호존중과 더불어 리더를 살리는 팔로워십은 리더 입장에서 리더가 원하는 것이 무엇인가를 진지하게 고민하는 데서 시작된다. 리더에 대해서 다소의 불만이 있더라도 왜 리더가 그러한 결정을 했는지 그럴 수밖에 없었는지 등에 대해서 한번쯤 진지하게 고민하는 사람이다. 이것은 단순히 업무적인 측면만이 아니라, 감성적인 측면에서도 리더의 고충을 이해하고 마음으로 다가가려는 노력 또한 필요하다.

〈표 6-1〉 상호 장애극복을 위해 노력할 점

	전달자의 노력	수용자의 노력
장애극복을 위해 노력할 점	• 분명하고 적절한 언어 사용 • 수용자 입장에서 사고 • 사후 검토와 피드백 활용 • 구두와 메모의 병행 사용 • 사례를 들어 설명 • 물리적 환경을 효과적으로 활용: (분위기, 장소, 시간을 고려함)	• 집중하여 경청함 • 수용자도 전달자의 입장이 되어 적극적으로 이해하려고 노력 • 전달내용에 대해 편견을 갖지 말고 객관적으로 수용 • 전체를 완벽하게 알고자 하는 태도 • 전달자가 전달한 메시지를 재확인

(1) 배울 점이 있다고 생각하기

상호 가지고 있는 장점을 파악하고, 특히 리더가 자격이 없는 인물이라는 생각이 들더라도 배울 점을 찾는 자세를 갖는 게 중요하다. 리더가 가지고 있는 단점은 자신이 리더의 입장에 있을 때 좋은 참고가 될 수 있다. 리더로서 삼가야 할 행동이나 말들을 기록해 두는 것도 좋은 방법이다.

(2) 체면 살려 주기

상호 체면을 살리고 리더에게 의견을 제시할 때 건방지다는 인상을 주지 않도록 하는 것이 중요하다. 자신이 하고 싶은 말을 기분 상하지 않도록 부드럽고 분명하게 전하는 것이다. 리더의 체면을 세워 주면서도 자신이 하고 싶은 말을 분명하게 전하기 위해서는 우선적으로 자신을 낮추는 태도를 취하는 것이 선행되어야 한다.

"이 부분에서 ㅇㅇ한 의문이 드는데 어떻게 하면 되겠습니까?"라고 문의하여 리더의 자존심에 상처를 입히지 않고 한 걸음 물러서는 자세를 보이는 것이다. 리더로 하여금 자신의 의견이 받아들여지고 있다는 착각을 만드는 것도 좋다. 예를 들어, "팀장님의 말씀을 듣고 생각 나서 말씀드립니다.~"로 시작하여 상사의 체면을 세운 뒤 자신의 생각을 곁들여 말하면 존중받고 있다는 생각을 하게 된다.

이때 "Yes, and then"의 화법을 사용하는 것도 좋은 방법이다.

■ **"Yes, and then"의 화법**

상대방의 의견에 긍정적인 태도를 보이고 자신의 의견을 말하는 화법

예) "전반적으로 찬성합니다. 그런데 한 가지 궁금한 점이 있는데요"

(3) 실수 인정하기

자신의 실수에 대해서 깨끗하게 인정한다. 사과를 해야 하는 경우 빠른 시간 내에 하고, 자신의 잘못을 인정하는 것이 중요하다. 자신에게 불리한 일일지라도 실수를 사실로 인정하고 깨끗하게 사과하면 오히려 성실하고 책임감 있는 인상을 남길 수 있다. 더불어 실수를 보완하기 위한 대처방안을 전달하는 것은 더욱 신뢰를 줄 수 있다.

(4) 자기 분야의 전문가 되기

업무에 대한 정보나 처리하는 능력이 뛰어나면 좋든 싫든 필요한 사람이 된다. 자신의 가치를 높여야 조직에서 또는 상사의 신뢰를 얻을 수 있다. 이를 위해서는 자신에 대한 투자를 게을리 해서는 안 된다. 무엇보다 자신이 맡은 일에 관한 한 조직 내에서 최고의 전문가가 되는 게 우선이다.

(5) 최신정보 습득하기

과거 상사가 권위를 가질 수 있었던 이유 중 하나는 상위정보의 전달자의 역할을 할 수 있었기 때문이다. 그러나 현재 상황은 정보의 전달 속도와 다양한 채널을 통해 정보를 얻을 수 있게 됨에 따라 가장 빠르고 정확한 정보를 접한 사람이 부서 내에서 영향력을 갖는다.

(6) 숲을 보는 안목과 사고하기

아랫사람의 입장일지라도 한 차원 높은 시각과 사고방식을 가지고 접근하는 습관을 갖는다. 내 앞의 업무뿐만 아니라 전체적인 그림을 보며, 업무보고를 할 때는 자신의 업무범위 내에서 일어나는 사항과 함께 그 의미까지 설명할 수 있어야 한다. 미래를 예측하고 대응하는 안목도 중요하다.

Worksheet

1. 우리가 속한 팀(조직)에서 커뮤니케이션의 어려움이 있다면 구체적으로 어떤 이유 때문인지 생각하고 이야기 나눠 보시오.

2. 윗사람과의 갈등을 겪었던 경험을 공유하면서 그때 자신의 행동에 대해서 점검해 보고 같은 상황이 발생하면 어떻게 행동할지 이야기 나눠 보시오.

2. 회의 커뮤니케이션

1) 효율적인 비즈니스 회의

회의는 2명 이상이 모여 각자의 생각, 의견, 정보를 자유롭게 이야기하는 과정 속에서 다양한 생각, 의견이 융합되면서 더 나은 아이디어를 만들어 가는 집단지성의 장이다. 단지 상사의 생각이나 의견을 일방적으로 지시하고 전달하는 자리가 아니라는 점을 인식해야 한다.

(1) 철저한 준비

직장인 대상으로 설문조사 결과 가장 피하고 싶은 회의는 '결론이 나지 않고, 겉도는 회의'라고 한다. 하루 종일 각종 회의와 미팅을 했음에도 얻는 것이 없었던 경험이 많았다는 것이다. 이것은 회의 전 주제에 대한 고민이나 해결방법을 모색하지 않은 상태에서 '일정에 있으니까', '회의를 하면 그래도 뭔가 결론이 있을 것이다', '위에서 오라고 하니까'와 같은 막연한 생각으로 회의에 참석하기 때문이다. 때론 회의 참석자들은 회의 시작 바로 전이나 회의실에 들어와서야 주제에 대해 생각하거나 자료를 보고, 회의 안건에 대해 고민하기도 한다.

효과적이고 생산적인 회의가 되기 위해서는 목표를 분명히 정해 놓고, 그 목표점을 향해서 가야 한다. 철저한 회의 준비, 주제 관련 자료 검토, 자기 생각을 정리, 논의하고 이슈들에 대한 검토는 반드시 필요하다. 이런 과정이 있을 때 다양한 의견 제시뿐만 아니라 창의적인 아이디어도 떠오르기 마련이다.

(2) 회의 지상주의 탈피

모든 의사결정을 회의를 통해서 해결하려는 회의 지상주의는 문제이다. 실속

없이 형식적인 회의문화도 탈피해야 한다. 결정사안에 따른 회의가 아니라 중요하지 않은 사안에 대한 전 부서원들의 회의도 문제가 되기에 생산성 높은 회의를 위해서는 회의를 소집하고 안건을 선정할 때, 이슈 점검부터 해 봐야 한다.

(3) 의견 존중

회의에서 중간에 말을 자르거나, 다른 사람의 말은 무조건 무시하는 사람들이 있다. 이런 유형들은 상대방이 의견을 이야기할 때, 앞부분만을 듣고 미루어 짐작한 것으로 상대방의 말을 끊고 자신의 생각을 쏟아 내기도 한다.

반면 어떤 사람은 남의 이야기는 끝까지 잘 들어 주는 것 같으나, 자기 의견만을 관철시키는 유형이 있다. 혹시 상사가 이런 상황을 자주 발생하게 한다면 참석자들은 자신의 의견을 이야기하고 싶어 하지 않게 되고, 결국 회의는 다양한 의견을 취합할 수 없게 된다.

시간 낭비 없는 효율적이고 생산적 회의를 위해서는 우선 상대방의 말을 끝까지 들으려고 노력하고 그에 대한 자신의 의견 또한 정확하게 전달하는 습관을 들이는 노력이 필요하다. 또한 상대방의 의도를 제대로 파악하지 못했다면 그 순간에 오해를 바로 잡기 위해 질문을 해야 한다.

(4) 감정적 대립 금지

『대화의 심리학』 저자 더글러스 스톤(Douglas Stone)은 '나는 옳고, 당신은 틀렸다'라는 자세를 갖고 대화에 임하는 사람들이 많을수록 생산적인 아이디어 도출이나 갈등해소는 어렵다고 했다.

즉, 회의를 통해 무언가를 얻어 내고 싶어 한다면 자신과 견해가 다르다고 해서 감정적으로 대응하는 것은 금물이며, 의견 대립이 있을 때에는 상대가 왜 그렇게 생각하는지를 들어 보려는 열린 자세가 필요하다.

〈표 6-2〉 진행자의 역할

효율적이고 생산적인 회의를 위한 진행자의 역할	
회의 전	▪ **회의 개최 목적과 그 결과를 예상한다.** * 결론을 미리 생각해 봄으로써 얻고자 하는 것을 예측 * 논쟁이 예상되는 부분에 대한 발언과 대응방안 강구 * 사전에 중재안, 절충안 등을 미리 구상 ▪ **회의 참석 범위를 정한다.** * 목적에 적합한 참석자 선택 ▪ **회의 자료와 준비사항을 안내한다.** * 회의 목적, 참석자 범위, 회의 시간, 회의장 공지 * 사전에 읽어야 할 문서나 자료를 배포하고 미리 검토시간을 줌 * 회의 준비사항 공지
회의 중	▪ **회의 목적과 주요 쟁점을 명확히 한다.** * 왜 회의를 열었는가, 무엇을 결정해야 하는가 ▪ **회의 진행절차와 시간, 규칙을 안내한다.** * 진행절차, 회의시간, 회의규칙 안내 * 각 안건별 할당시간 안내와 적절한 시간배분 (모래시계 비치) * 참석자에게 최소 1회 이상의 발언기회 부여 ▪ **구성원의 참여와 피드백을 장려한다.** * 적절한 참여 유도와 반응 피드백 유도로 활발한 교류 독려 * 동등한 발언 기회 부여 * 논쟁 시에는 논쟁사항을 메모하고, 중립적 입장 유도 * 회의목적, 주제와 관계없는 한담이 오가지 않도록 제지 ▪ **발표자의 발언내용을 정리한다.** * 발언내용 설명하거나 요약하고, 확인 ▪ **주요사항을 기록한다.** * 직접 기록 못하는 경우 서기를 임명 ▪ **합의사항을 공지한다.** * 결정된 사항을 간략하게 정리 발표하고 실행에 대한 공지

〈표 6-3〉 참석자의 자세

<table>
<tr><th colspan="2">효율적이고 생산적 회의를 위한 참석자의 자세</th></tr>
<tr><td>회의 전</td><td>■ 회의 목적을 정확히 안다.
■ 회의의 성격, 참석 범위, 참석자 등을 조사한다.
■ 안건에 대해 조사한다.
■ 회의 자료를 숙지한다.
■ 안건에 대한 자신의 의견, 견해를 정리해 둔다.
■ 예상 질문, 반론사항에 대한 답변과 자료를 준비한다.
■ 조직의 입장을 대변하는 경우 상사와 합의하여 입장을 조율한다.</td></tr>
<tr><td>회의 중</td><td>■ 적극적으로 참여한다.
* 이해가 잘되지 않는 경우에는 부연설명 부탁과 내용 기록
* 필요시 질문을 통해 이해 여부 확인
* 반대의견에 대한 존중과 태도. 감정적 태도 지양
■ 독점하지 않는다.
■ 기본예절을 지킨다.
■ 좋은 예절
– 회의 시간 준수
– 일시, 장소 확인
– 상대방의 의견 경청
– 중요한 안건이나 좋은 내용은 발언자의 이름과 함께 메모
– 순서에 맞게 논리적으로 발언
– 간단하고 정확하게 의견을 제시하고 답변
– 의견이 달라도 감정 절제
– 사회자에게 적극적으로 협력
■ 좋지 못한 예절
– 다른 사람의 말을 중간에 끊기
– 감정적인 발언
– 타인에게 자신의 의견 강요
– 매 안건 부정적인 발언
– 의도적인 기분 나쁜 질문이나 반대의견</td></tr>
<tr><td>회의 후</td><td>■ 회의 결과를 검토한다.
* 합의사항 숙지
* 합의되고 결정되고 결정된 사항과 약속한 사항에 대한 실행
* 결정된 사항이 자신이 속해 있는 부서나 업무에 영향력 분석
* 미비점은 없는지 반성과 대비</td></tr>
</table>

■ Tips 브레인 스토밍

아이디어를 쉽게 내기 위해 창안한 일정의 집단토의 기법으로. 인원은 대략 5~8명이 적당하다. 다양한 배경의 참가자들을 선발하는 것이 효과적이며, 사전에 테마를 참가자들에게 공지한다. 특히 진행자의 직접적인 아이디어 제안은 피하며, 아이디어가 제시되면 의견 제시자가 사용했던 말을 최대한 사용하여 요약하며 기록 정리해 두는 것이 중요하다. 서기는 제안된 아이디어를 플립차트에 기록하며 진행자는 토의가 너무 과열되지 않도록 조정한다.

효율적인 브레인 스토밍을 하기 위해서는 아이디어에 대한 평가, 조언, 충고를 하지 않고 상호비판 금지, 질보다 양의 다다익선, 아이디어에서 힌트를 얻거나 조합하는 모방, 자유로운 분위기와 형식으로 자유분방하게 한다.

브레인 스토밍의 종류는 Round Robin(한 사람의 팀원과 아이디어를 공유하기 위해 말을 하고, 그 다음 사람도 계속해서 같은 방법으로 아이디어를 말하는데 전원이 말한 후에야 마무리), Bouncing Ball(공을 이용하여 한 사람이 공을 잡고 아이디어를 낸 후, 아이디어를 가지고 있는 사람에게 공을 던지는 방법으로 계속해서 자발적으로 아이디어를 도출), Free Wheel(마음 내키는 사람들과 아이디어를 공유하며, 다른 사람들도 마찬가지로 그들의 아이디어를 공유) 가 있다.

3. 온라인 커뮤니케이션

1) 온라인 회의

온라인 회의란 인터넷을 통해 두 명 이상의 사람들이 실시간으로 만나 의사소통하는 비대면 회의이다. 온라인 회의는 장소와 시간의 제약을 받지 않고, 누구나 쉽게 참여할 수 있다는 장점과 비용 절감, 업무 효율성 향상 등의 효과가 있다. 화상 회의, 가상 회의, 웹 회의라고 한다.

기업에서는 업무 협의, 회의, 교육, 훈련 등에서 사용되고, 정부에서는 공청회, 토론회, 회의 등에 사용되며, 교육기관에서는 수업, 세미나, 워크숍 등에 사용되고 있다.

2) 효과적인 온라인 회의 방법

온라인 회의는 비대면 소통의 대표적인 방식으로 코로나19 이후 활발하게 이용되어 앞으로도 더욱 활발하게 활용될 것으로 예상된다. 효과적으로 온라인 회의를 진행하기 위해서는 먼저 회의 목적을 명확히 하는 것이 중요하다. 참석자를 선정한 후 회의 일정과 시간, 회의 장소와 장비를 준비하고 회의 진행 순서를 정하며 회의내용을 정리하는 것도 잊지 않는다.

3) 온라인 회의 매너

비대면으로 진행되는 온라인 회의는 대면 회의와 달리 시각적 정보가 제한되어 있어, 커뮤니케이션의 어려움이 있다. 따라서 비대면 회의에서 참석자들은 매너를 지키는 것이 중요하다.

(1) 회의 시간에 맞춰 참석하기: 회의 시간에 늦게 참석하는 것은 다른 참석자들에게 불편을 끼치는 행위이다. 따라서 회의 시간에 맞춰 참석하는 것은 기본적인 매너라고 할 수 있다.

(2) 카메라 켜기: 비대면 회의에서는 얼굴을 보여 주는 것이 중요하다. 카메라를 켜면 상대방에게 자신의 얼굴 표정과 몸짓을 통해 정보를 전달할 수 있어, 커뮤니케이션이 원활하게 이루어질 수 있다.

(3) 음소거 설정: 다른 사람이 발언할 때는 음소거 설정을 하는 것이 좋다. 음소거 설정을 하지 않으면 울림으로 인해 다른 사람의 발언을 방해하거나, 회의 내용을 놓칠 수 있다.

(4) 배경 정리하기: 회의 화면에 보이는 자신의 배경은 깔끔하게 정리하는 것이 좋다. 산만하고 지저분한 배경은 상대방에게 부정적인 인상을 줄 수 있다.

(5) 경청하기: 비대면 회의에서는 상대방의 말을 잘 듣는 것이 중요하다. 상대방의 말을 경청하는 모습을 보여 주면, 상대방과 신뢰를 구축할 수 있다.

(6) 발언하기: 발언할 때는 먼저 손을 들어 의사를 표현하는 것이 좋다. 이를 통해 상대방에게 발언할 의사가 있음을 알려 주어, 회의 진행을 방해하지 않도록 한다.

(7) 질문하기: 회의 내용에 대해 궁금한 점이 있으면, 질문을 하는 것이 좋다. 질문을 통해 회의 내용을 이해하고, 회의의 효율성을 높일 수 있다.

(8) 회의 참여: 회의에 적극적으로 참여하는 것이 좋다. 자신의 의견을 제시하고, 다른 사람의 의견에 동의하거나 반대하는 등의 모습을 보여 주면, 회의에 대한 관심과 참여도를 높일 수 있다.

이 외에도 비대면 회의를 진행하기 전에 회의 내용 확인, 회의 진행 순서 파악, 회의 도구 사용법을 미리 숙지하여 비대면 회의의 효율성과 효과를 높일 수 있도록 해야 한다.

4. 문서 커뮤니케이션

1) 비즈니스 문서의 역할

- 조직의 중요한 정보와 의사전달을 공유
- 경영관리나 조직의 결과 보존과 증빙
- 장래에 발생 가능한 책임의 명확화
- 정보공유, 아이디어 보완과 수정에 관련한 피드백 제공
- 의사결정 지원

2) 비즈니스 문서의 특성

비즈니스 문서는 논리적이며 체계성, 정확성, 간결성이 요구된다. 주관적 판단은 될 수 있으면 배제하고, 지식과 정보, 자료를 명확하고 깔끔하게 전달하는 것이 필요하다.

〈표 6-4〉 **문학적인 글과 비즈니스 문서의 차이**

문학적 글	비즈니스 문서
• 피보고자가 없다. • 주관적이며 정서적이다. • 은유, 비유 등의 묘사가 자유롭다. • 불특정 다수의 독자이다. • 정확하고 명확한 메시지는 아니다. • 의미를 과장, 함축이 가능하다. • 장문의 글도 허용한다. • 미괄식의 경우가 많다. • 생각, 감정의 표현과 공유가 목적이다.	• 피보고자가 있다. • 객관적, 논리적이다. • 직접적이고 현실적인 문체이다. • 이해관계자가 있다. • 명확한 결론, 메시지, 근거가 있어야 한다. • 2가지 이상의 해석을 허용하지 않는다. • 단문이 많다. • 두괄식의 문장이 많다. • 상대를 설득하여 의사결정과 특정행동에 목적이 있다.

3) 비즈니스 문서의 종류

- **기안서(품위서)**: 결재권자의 승인을 구하기 위해서 실행과정, 내용 및 기대효과 등을 기록하여 결재를 올릴 때 작성한다.
- **협조문**: 수평 부서 간의 업무 협조 요청 시 사용한다.
- **시행문**: 결재를 득한 안건의 실행을 명령, 공지하는 공문을 말한다.
- **기획서**: 특정 프로젝트나 실행계획에 대한 정보공유 및 설득을 주요 목적으로 하는 비즈니스 문서이다. 기획서는 경영계획이나 신시장 개척, 신상품 개발을 위한 업무기획서 및 각종 이벤트 실행을 위한 행사기획서가 있다.
- **보고서**: 발생한 업무과정 또는 결과에 관하여 상세히 보고하는 서류를 지칭한다.

4) 비즈니스 문서 작성 원리

(1) 상대방 중심

- 제안요청서(Request for proposal)를 분석하여 객관적이고 논리적인 자료를 준비하며, 기획 실행에 영향을 미치는 의사결정자와 이해 관계자들이 "무엇을 원하는지, 무엇을 회피하고자 하는지"를 파악하고 그들의 니즈에 적합하도록 작성한다.
- 제안요청서를 통해 목적과 목표, 기획의 실시 기간 및 예산, 제출기한, 반드시 해야 할 항목, 절대로 해서는 안 되는 항목들을 파악한다.
- 요청사항을 제대로 파악하기 위해서는 제안을 요청하는 쪽의 말을 경청하고, 메모를 통해 빠지는 부분이 없도록 하며, 질문을 통해 확인한다.

(2) 결론과 근거 제시

기획(보고)서에는 기획 의도자의 욕구를 충족시킬 수 있는 명확한 결론(주장, 제안, 방법)이 제시되어야 한다. 또는 결론과 근거 사이의 일관성을 유지하며, 타당성을 증명하는 객관적인 근거자료가 함께 제시되어야 한다. 일관성을 유지하는 구체적인 기법으로 'So what/Why so?'의 프레임을 참고한다.

(3) 체계적 구성

기획 목표를 달성하기 위해 수행해야 할 세부내용을 중복과 누락없이 체계적으로 구성한다. 새로운 기획안은 기존의 방식이나 내용에 차별성이 있어야 하며, 중요성에 따른 우선순위를 고려하여 배열한다. 많은 내용을 제시하기보다는 핵심적인 내용을 중심으로 5개 이내로 제안한다.

(4) 이미지 효과

사람들은 문자나 숫자로 된 정보보다는 도형이나 이미지로 된 정보를 더 쉽게 이해하며 오래 기억한다. 주요 내용은 그림이나 도형, 차트를 활용하여 이미지화한다. 내용과 관련 있는 그림을 활용하여 이해를 돕고, 중요한 수치자료는 그래프화한다.

(5) 체크포인트

체크포인트	체크
1. 정확히 무엇을 하려는 것인가? 달성하고자 하는 바가 무엇인지 한마디로 요약해 본다.	
2. 핵심 사항이 무엇인가? 기존의 것과 차별화되고 참신하며 더 나은 점이 무엇인지 답해 본다.	

체크포인트	체크
3. 논리적으로 타당한가? 결론과 주장은 사실, 자료, 사례와 같은 객관적 근거가 있는지 답한다.	
4. 틀린 곳은 없는가?	
5. 흐름이 자연스러운가?	
6. 빠진 것은 없는가?	
7. 불필요한 것은 없는가? 중복되거나 불필요한 문장이나 단어를 삭제하여 간결한가 점검한다.	

Worksheet

1. 주제를 정하여 브레인 스토밍하여 이야기를 나누어 보시오.

2. 주제를 정하여 진행자를 선정하여 비즈니스 회의를 진행해 보시오.

3. 온라인 협업 도구 툴에 대해서 공유 해 보시오.

프레젠테이션 커뮤니케이션

07
Chapter

학습목표

1. 프레젠테이션 이론과 실습을 통해 발표에 자신감을 가질 수 있다.
2. 음성훈련을 통해 발표에서 효과적인 음성을 적용할 수 있다.
3. 온라인 프레젠테이션을 이해하고 활용할 수 있다.

1. 프레젠테이션 기본

현대사회에서는 일상생활에서도 크고 작은 프레젠테이션을 이용한 발표가 이루어진다. 프레젠테이션은 청중에게 정보를 전달하거나, 설득하거나, 동기를 부여하기 위한 목적으로 이루어지는 의사소통 행위로, 비공식적・공식적인 자리에서 발표나 프레젠테이션이 이루어진다면 신뢰와 설득력 있는 모습으로 자신이 원하는 바를 잘 전달할 수 있을 것이다.

1) 효과적인 프레젠테이션의 3요소

(1) 목적과 목표

프레젠테이션의 목적은 무엇인지, 그 목적을 달성하기 위해 어떤 목표를 설정해야 하는지 명확히 한다. 목적과 목표가 명확하지 않으면 프레젠테이션의 방향이 흐트러지고, 효과적인 전달이 어려워질 수 있다.

(2) 내용과 구성

프레젠테이션의 내용은 청중의 이해와 관심을 고려하여 구성해야 한다. 청중의 수준, 관심사, 배경지식 등을 고려하여, 청중에게 필요한 정보를 명확하고 간결하게 전달해야 한다. 또한, 프레젠테이션의 구성은 논리적이고 일관되게 이루어 지도록 구성한다.

(3) 전달과 태도

프레젠테이션은 청중과의 소통을 의미한다. 효과적인 프레젠테이션이 이루어지려면 발표자의 태도가 중요한데, 발표를 할 때 언어, 목소리, 행동 등을 고려해야 한다. 발표자는 자신의 발표를 듣는 청중들을 먼저 파악해서 그에 맞추어 발표 계획을 수립해야 하며, 대상에 따라 음성을 고려한다. 목소리 톤이나 강약 액센트 등을 발표자는 고려하여 판단한다.

따라서 효과적이고 설득력 있는 프레젠테이션을 위해서 발표자는 청중의 눈을 마주치고, 자신감 있고 명확한 목소리로 발표해야 한다. 또한, 청중의 반응을 살피며, 적절한 질문과 답변을 통해 소통을 이어 가는 것이 중요하다.

- 인원수를 보며 그에 맞게 목소리를 높이거나 줄인다.
- 알기 쉽게 어려운 한자어나 전문 용어는 쉽게 풀어서 설명한다.
- 발표 내용에 알맞은 행동을 취하면서 말을 한다.
- 청중들의 반응을 살펴보며 호응을 유도한다.
- 청중들과 눈을 마주치며 발표를 진행한다.
- 너무 빠르거나 너무 느린 전개를 피하여 적당한 속도로 진행한다.
- 발음을 흐리지 말고 분명하게 또박또박 전달한다.
- 프레젠테이션 시각 자료에 너무 의존하지 말고 보조 자료로 활용한다.

2) 효과적인 프레젠테이션의 3P 분석

프레젠테이션의 3P 분석은 프레젠테이션을 효과적으로 준비하고 진행하기 위한 방법이다. 3P는 Purpose(목적), People(청중), Place(장소)의 세 가지 요소를 의미한다.

(1) Purpose(목적)

프레젠테이션을 통해 달성하고자 하는 목표를 의미하며, 목표를 달성하기 위한 구체적인 행동 계획을 세운다.

- 프레젠테이션을 통해 청중에게 어떤 정보를 전달하고 싶은가요?
- 프레젠테이션을 통해 청중을 설득하고 싶은가요?
- 프레젠테이션을 통해 청중에게 동기를 부여하고 싶은가요?

(2) People(청중)

프레젠테이션을 듣는 대상을 의미한다. 청중의 수준, 관심사, 배경지식 등을 고려하여, 청중에게 필요한 정보를 명확하고 간결하게 전달해야 한다. 또한, 청중의 반응을 살피며, 적절한 질문과 답변을 통해 소통을 이어 가고 프레젠테이션을 준비하기 전에 청중을 분석하고, 청중의 특성을 고려하여 프레젠테이션을 준비한다.

- 청중의 연령대는 어떻게 되나요?
- 청중의 직업은 무엇인가요?
- 청중의 관심사는 무엇인가요?
- 청중의 배경지식은 어느 정도인가요?

(3) Place(장소)

프레젠테이션이 이루어지는 장소를 의미한다. 프레젠테이션 장소의 규모, 조명, 음향 등의 환경을 고려하여, 청중에게 최적화된 프레젠테이션을 진행한다. 따라서 프레젠테이션을 진행하기 전에 프레젠테이션 장소를 방문하고, 장소의 환경을 고려하여 프레젠테이션을 준비해야 한다.

- 프레젠테이션 장소의 규모는 어느 정도인가요?
- 프레젠테이션 장소의 조명은 어떠한가요?
- 프레젠테이션 장소의 음향은 어떠한가요?

3) 효과적인 프레젠테이션의 계획

발표 계획을 세우는 것은 발표의 전 단계로써 발표가 이루어지기 위한 필수적이며 중요한 단계이다. 그래서 발표자들은 발표를 계획할 때 모든 사항들을 고려하여 꼼꼼하게 짜야 하며 혹시나 생길 변수도 미리 대비해서 계획을 세우는 것이 좋다. 모든 일에는 계획이 필요하고, 제대로 된 계획이 세워질 때 비로소 효과적인 발표가 이루어질 수 있다. 그래서 발표할 때의 실수가 발생하지 않도록 발표자는 계획을 필수적으로 세워야 한다.

(1) 목표 설정

발표자는 발표를 계획할 때 자신이 이 발표를 왜 하는지를 먼저 분명히 한다. 예를 들면, 자신의 의견을 전달해서 누군가를 설득하기 위함인지, 아니면 정보를 분석하여 단지 전달하는 것이 목적인지 등을 명확히 파악해야 계획을 쉽게 수립할 수 있다. 사회 내에서는 보통 누군가를 설득하기 위해 발표를 하는 경우가 많다. 그래서 구체적인 자료를 준비하여 자신의 말에 설득력 있는 근거를 제시하며 진행한다. 반대 의견에 대한 준비로 발표 중 당황하지 않도록 한다.

(2) 청중 파악

발표는 청중을 고려하는 것이 가장 중요하다. 발표라는 것은 혼자 말하는 것이 아니라 항상 듣는 사람이 있기 때문이다. 정보 전달이든, 설득이든 청자의 흥미를 이끌어 내는 것이 중요하기 때문에 적절한 말과 행동이 필요하다.

예를 들면, 청자에 따라 용어를 바꾸거나 목소리를 달리하는 것이다. 만약 100명의 사람 앞에서 얘기를 하는 경우 마이크 없이 목소리를 작게 내어 진행한다면 내용이 잘 전달되지 않을 것이다. 간혹 청중을 고려하지 못한 전문 용어를 일반인 앞에서 설명할 경우 처음부터 끝까지 이해하지 못한다면 실패한 발표이다. 이처럼 청자에 따라 이해 정도가 다르기 때문에 발표를 할 때에는 이를 먼저 파악하여 준비하는 것이 필수적이다.

또한 만약 청중들이 잘 알지 못하는 내용을 전달하려고 할 때에는 청중들의 수준을 고려하여 상황에 맞는 사례와 정보로 예를 들거나 각종 시각 자료를 이용해 발표한다면 청중들이 이해하는 데 큰 도움이 될 것이다.

(3) 주제 설정

발표자는 자신이 어떤 주제로 발표를 할지 구체적으로 설정해야 한다. 모호하게 설정할 경우 준비한 자료가 빈약하거나 엉뚱한 방향으로 흘러갈 수 있기 때문에 구체적으로 설정하여 제대로 된 준비를 하는 것이 좋다.

(4) 발표 개요 작성

일반적인 글을 쓸 때에도 어떤 식으로 쓸지 전체적인 내용에 대한 개요를 먼저 짜고 쓸 때 쉽게 써져 시간이 절약된다는 것을 느낀 적이 많을 것이다. 발표도 마찬가지이다. 발표는 우리의 글을 말로 전달하는 것이므로 처음 준비 단계에서는 일반적인 글을 쓰는 것과 같다. 그래서 전체적으로 어떻게 발표할 것인지 목차를 설정하여 세부적인 내용을 덧붙이는 것이 좋다. 그렇게 준비할 때 청자들 또한 핵심을 파악하고 이해하기 쉬울 것이다.

보통 발표 개요는 복잡한 것이 아니라 단순하고 간략하게 짜는 것이 좋다. 발표의 시간은 한정되어 있기 때문에 그 시간에 맞게 잘 분배하여 짜는 것이다. 개요 없이 발표만 진행할 경우 정작 하고자 하는 말을 전달하지 못하고 끝이 날 수도 있기 때문이다. 그래서 발표 개요를 짜는 것은 발표 계획을 세우는 가장 근본이 된다.

(5) 내용 작성

발표 내용을 쓰는 것은 앞서 세웠던 발표 개요에 살을 붙이는 과정이다. 발표 내용은 구체적인 근거를 바탕으로 쓰는 것이 좋다. 누군가를 설득하기 위해서는 자신의 의견만을 강조하는 것이 아니라 그렇게 생각하는 근거를 바탕으로 작성하여 설득력 있게 하며, 발표 시간을 고려해야 한다. 발표 시간을 고려하여 서론, 본론, 결론을 어떤 식으로 진행하고 시간 배분을 어떻게 할 것인지 생각해 발표를 준비를 한다.

예를 들면, 20분의 발표라고 한다면 서론 5분, 본론 10분, 결론 5분 정도로 진행하는 것이 일반적이다. 그러나 서론과 결론에 분배 시간을 줄이고 본론 시간을 늘려 내용을 좀 더 자세히 다뤄도 문제가 되지는 않는다. 자신의 근거가 확실하고 다양하다면 본론을 늘릴 수도 있는 것이다. 이처럼 자신이 발표하는 상황에 맞춰서 진행한다.

(6) 보조(추가)자료 작성

발표 내용을 썼다면 발표 내용을 좀 더 보기 쉽게 프레젠테이션(보조 자료)을 만들어야 한다. 말로만 듣는 것보다 눈으로 보며 듣는 것이 이해하기 쉽기 때문에 프레젠테이션을 만드는 것이 좋다.

보조 자료는 말 그대로 보조 자료이기 때문에 모든 것을 여기에 의존하는 것은 바람직하지 않다. 그래서 자신의 말을 덧붙일 정도로만 준비하고 모든 글을 프레젠테이션에 적는 것과 같은 태도는 지양한다.

(7) 발표 리허설

최종적으로 발표를 리허설 한다. 발표자는 자신이 발표를 진행할 때 빔 프로젝터 등이 필요하면 발표할 장소에 그것이 준비될 수 있는지 알아보아야 한다. 그러기 위해서는 발표 진행 장소 책임자에게 문의를 하여 장치가 있는지, 잘 되는지 등의 확인을 부탁해야 한다. 그리고 만약 유인물을 준비한다면, 발표자가 유인물을 준비하고 가야 되는지, 발표 주최 측에서 복사를 하는 것인지를 사전에 협의해야 한다. 그리고 몇 부가 필요한지, 기타 수정사항이 있으면 미리 연락을 취해 수정사항을 고치게 하는 등의 노력을 기울여야 한다.

아무리 사전에 혼자서 발표 준비를 잘한다 하더라도 자신이 생각했던 대로 외적으로 준비가 안 된다면 발표 진행도 미흡하고 발표에 있어서도 집중하지 못할 수 있다. 그렇기 때문에 이와 같은 준비를 최종적으로 마쳐야 한다.

2. 음성훈련

1) 음성 커뮤니케이션

사람들은 각자 타고난 음성이 다르다. 목소리는 성대를 막거나 마찰시켜서 내는 소리이다.

(1) 자세

- 신뢰와 호감 가는 목소리를 연출하기 위해서 바른 자세는 기본이다.
- 머리와 목의 위치는 발성 기관에 직접적인 영향을 주기 때문에 바르게 유지하는 것이 중요하다.

① 몸의 긴장을 풀어 이완시킨 느낌을 갖는다.
② 가슴을 펴고, 편안한 자세에서 발의 위치는 약간 벌린다.
③ 앉은 자세의 경우에는 등받이에 기대지 않고 등허리를 곧게 편다.
④ 시선은 정면 15~20도 정도의 약간 높은 곳을 응시한다.

(2) 호흡

- 호흡은 복식호흡과 흉식호흡이 있으며 좋은 목소리를 위해서는 복식호흡이 필요하다.
- 흉식호흡이란 숨 쉴 때마다 가슴이 부풀어 올랐다가 가라앉는 호흡법으로 보통 1분에 1,620회 정도 숨을 쉰다.
- 복식호흡은 아랫배를 이용해 배의 근육을 움직여서 횡격막을 신축시키면서 하는 호흡방식으로 보통 1분에 510회 정도 숨을 쉰다.
- 복식호흡은 흉식호흡에 비해 가슴공간이 더 넓어지고, 폐는 산소를 가슴에

가득 머금어 부풀어 오를 수 있게 한다.

① 몸의 긴장을 풀고 편안한 자세를 취한다.

② 양손에 깍지를 끼고, 배꼽 아래의 단전을 댄다.

③ 코로 숨을 들이 천천히 들이마시되, 아랫배가 불룩 나오는 것을 손에 느끼며 어깨가 들리지 않도록 주의한다.

④ 들이마신 숨을 입으로 천천히 내뱉으며 아랫배가 꺼지는 것을 느끼고, 어깨가 쳐지지 않도록 주의한다.

⑤ 차츰 횟수를 늘려 가면서 연습한다.

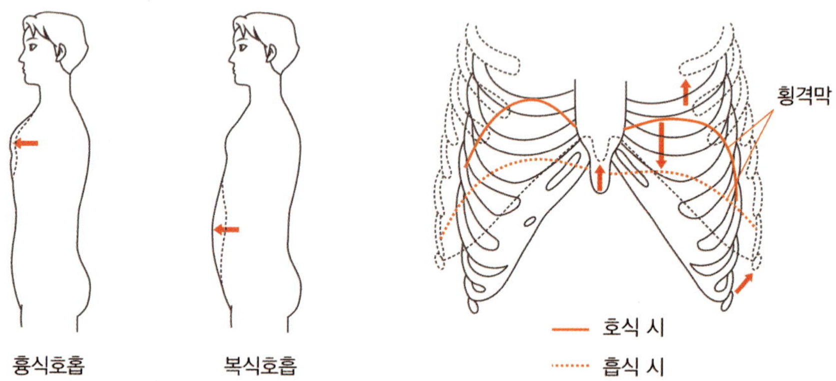

출처: 생명과학대사전.

[그림 7-1] **흉식호흡과 복식호흡**

(3) 성대운동과 공명

① 성대운동

- 양손을 깍지를 끼고, 양 엄지손가락으로 아래턱을 위로 젖혀 시선을 천정을 향했다가 제자리로 오는 동작을 반복한다.
- 엄지와 집게손가락으로 목구멍 주위를 위아래로 쓸어내려 목을 풀어 준다.

- 턱 선과 목 아래 근육, 귀 아래쪽 근육을 풀어 준다.

② 공명

- 성대를 통해 후두의 진동이 공명되는 과정을 통해 소리가 입 밖으로 나오게 된다.
- 그러므로 입을 다문 채 “음~”, “흠~” 하고 음을 반복한다.
- 공명이 충분히 일어나면 좋은 목소리가 나올 수 있다.

(4) 발성

- 발성연습은 호감 가는 목소리와 발음 연출을 위해 필수적이다.
- 가슴을 편 상태로 입을 크게 움직여서 뱃속으로부터 나오는 목소리를 내도록 한다.

(5) 혀 운동

- 혀를 입 밖으로 길게 뺐다가 집어넣는 운동을 반복하여 혀의 움직임을 부드럽고 원활하게 한다.

(6) 발음

① 연습 전에 입술을 상하로 움직여서 근육을 풀어 준다.
② 가능한 입을 크게 벌린다.
③ 가로로 읽은 후 세로로 읽는다.
④ 강약을 조절하여 한 번은 강하게 한 번은 약하게 반복하여 발음한다.
⑤ 정확하게 명료하게 끊어서 발음하여 연습한다.

■ 연습 1

가	갸	거	겨	고	교	구	규	그	기	게	개	괴	괘	궤	과	궈	귀
나	냐	너	녀	노	뇨	누	뉴	느	니	네	내	뇌	놰	눼	놔	눠	뉘
다	댜	더	뎌	도	됴	두	듀	드	디	데	대	되	돼	뒈	돠	뒈	뒤
라	랴	러	려	로	료	루	류	르	리	레	래	뢰	뢔	뤠	롸	뤠	뤼
마	먀	머	며	모	묘	무	뮤	므	미	메	매	뫼	뫠	뭬	뫄	뭐	뮈
바	뱌	버	벼	보	뵤	부	뷰	브	비	베	배	뵈	봬	붸	봐	붸	뷔
사	샤	서	셔	소	쇼	수	슈	스	시	세	새	쇠	쇄	쉐	솨	쉐	쉬
아	야	어	여	오	요	우	유	으	이	에	애	외	왜	웨	와	웨	위
자	쟈	저	져	조	죠	주	쥬	즈	지	제	재	죄	좨	줴	좌	줴	쥐
차	챠	처	쳐	초	쵸	추	츄	츠	치	체	채	최	쵀	췌	촤	춰	취
파	퍄	퍼	펴	포	표	푸	퓨	프	피	페	패	푀	퐤	풰	퐈	풔	퓌
타	탸	터	텨	토	툐	투	튜	트	티	테	태	퇴	퇘	퉤	톼	퉤	튀
하	햐	허	혀	호	효	후	휴	흐	히	헤	해	회	홰	훼	화	훼	휘

■ 연습 2

예) 글글글글 끌끌끌끌 걸걸걸걸 껄껄껄껄 놀놀놀놀 달달달달 똘똘똘똘 롤롤롤롤
물물물물 뮬뮬뮬뮬 벌벌벌벌 빨빨빨빨 술술술술 솔솔솔솔 쌀쌀쌀쌀 을을을을
잴잴잴잴 절절절절 잘잘잘잘 짤짤짤짤 털털털털 칼칼칼칼 쿨쿨쿨쿨 핼핼핼핼

■ 연습 3

① 간장 공장 공장장은 공 공장장이고, 콩장 공장 공장장은 방 공장장이다.

② 이 콩까지는 깐 콩깍지냐 안 깐 콩깍지냐?
깐 콩까지면 어떻고 안 깐 콩깍지면 어떠냐?

③ 내가 그린 구름은 새털기린 구름 그림이고, 네가 그린 구름 그림은 양털기린 구름 그린 그림이다.

④ 치키 초코 차카 초크 차키 초코 치키 초코 초크 처키 초코 초

⑤ 안촉촉한 초코칩 나라에 살던 안촉촉한 초코칩이 촉촉한 나라의 촉촉한 초코칩을 보고 촉촉한 초코칩이 되고 싶어서 촉촉한 초코칩 나라에 갔는데 촉촉한 초코칩 나라의 문지기가 '넌 촉촉한 초코칩이 아니고 안촉촉한 초코칩이지만 촉촉한 초코칩도 안촉촉한 초코칩 나라에 갈 수 있는 거야'라고 해서 안촉촉한 초코칩은 촉촉한 초코칩의 나라에서 촉촉한 초코칩과 안촉촉한 초코칩은 어울리며 잘 살았습니다.

Worksheet

1. 바른 자세와 복식호흡으로 음성훈련을 해 보시오.

3. 온라인 프레젠테이션

1) 온라인 프레젠테이션 장점

온라인 프레젠테이션은 인터넷을 통해 청중에게 프레젠테이션을 진행하는 방식이다.

- 장소와 시간의 제약이 없다.
- 누구나 어디에서나 참여 가능하다.
- 비용 절감 효과가 있다.
- 별도의 장소 대여나 이동 비용이 들지 않는다.

2) 온라인 프레젠테이션의 주의점

(1) 청중의 반응을 살피며 진행한다.

청중의 표정, 반응을 살피며, 적절한 질문과 답변을 통해 프레젠이션을 진행하며, 청중의 질문이 있을 경우, 명확하고 간결하게 답변한다.

프레젠테이션 하는 동안 전문적인 태도를 유지하도록 한다.

(2) 단정하고 정돈된 외모, 밝고 친절한 태도를 유지한다.

(3) 자신감 있고 명확한 목소리로 프레젠테이션을 진행한다.

(4) 기술적인 문제를 미리 대비하여, 인터넷 연결 상태, 장비 오작동 등 예상하지 못한 기술적인 문제가 발생하더라고 침착하게 대처하여 당황하지 않도록 한다.

(5) 온라인 프레젠테이션을 효과적으로 진행하기 위해서는 청중 분석, 목적 설정, 내용 구성, 디자인, 연습 등의 과정을 거쳐, 청중의 관심을 끌 수 있고, 청중의 참여를 유도할 수 있는 프레젠테이션을 준비한다.

■ 온라인 프레젠테이션 팁

하나. 청중의 시선을 끌 수 있는 슬라이드 디자인을 사용하세요.

글자 크기와 색상, 배경 이미지 등을 적절하게 사용하여, 청중의 시선을 끌 수 있는 슬라이드 디자인을 사용한다.

둘. 동영상이나 애니메이션을 사용하여, 청중의 관심을 유지하세요.

동영상이나 애니메이션을 사용하여, 청중의 관심을 유지하고, 프레젠테이션 내용을 이해하기 쉽게 한다.

셋. 청중의 참여를 유도하세요.

질문이나 연습 문제를 포함하여, 청중의 참여를 유도하여, 프레젠테이션의 효과를 높인다.

〈매미의 오덕(五德)〉

입추(立秋)가 지나면 수컷 매미는 더 정열적(情熱的)으로 울어댑니다. 빨리 짝을 만나 이승에서의 사랑을 나누고 떠나야 하기 때문입니다.

매미의 일생(一生)을 살펴보면, 매미는 땅속에서 7년을 기다렸다가 성충(成蟲)이 되어 이 세상(世上)에 나와서 10여 일 정도 살다 짧은 생(生)을 마친다고 합니다.

예로부터 매미는 다섯 가지의 덕(德)을 가진 곤충으로 알려졌으며, 매미의 오덕(五德)은 문(文) · 청(淸) · 염(廉) · 검(檢) · 신(信)이라고 합니다.

1. 첫째 문(文)은 머리 모양과 곧게 뻗은 입 모양이 선비의 갓끈을 닮았다고 하여 문(文)이라 하며,

2. 두 번째 청(淸)은 여느 곤충들과는 달리 곡식을 먹어 해를 끼치지 않고 이슬과 나무의 진을 먹는다고 하여 맑음을 뜻하는 청(淸)이고,

3. 세 번째 염(廉)은 사람이 키우는 채소나 나무에 해를 끼치지 않는 염치(廉恥)가 있다 하여 염(廉)이라 하며,

4. 네 번째 검(檢)은 다른 짐승이나 곤충같이 자기의 집을 짓지 않는 검소(儉素)함이 있다 하여 검(檢)이라 하고,

5. 다섯 번째 신(信)이라 함은 때에 맞추어 울며 살다가 늦가을이 되면 때를 맞추어 죽으니 신의(信義)가 있다 하여 신(信)이라 합니다.

조선시대 임금이 정사(政事)를 볼 때 머리에 쓰던 익선관(翼蟬冠)은 매미의 날개를 본 뜬 것이며, 매미의 오덕(五德)을 생각하며 백성(百姓)을 다스리고자 하는 의지(意志)가 담겨 있었다고 합니다.

이처럼 매미는 우리에게 친숙한 곤충이며 군자가 갖추어야 할 덕목을 모두 가지고 있다 하여, 조선시대 임금과 왕세자는 매미 날개 모양을 장식한 모자를 썼으며, 모자 뒷면에 매미 날개 모양의 장식을 했다 하여 날개 익(翼) 자와 매미 선(蟬) 자를 써서 '익선관(翼蟬冠)'이라 불렀다 합니다.

임금은 익선관을, 관료는 관모를 쓰도록 한 이유는 매미의 오덕을 망각하지 말고 선정을 베풀어 청렴하고 강직하게 백성을 다스리라는 의미 때문이라고 합니다.

매미의 오덕(五德)인 문(文) · 청(淸) · 염(廉) · 검(儉) · 신(信)을 함축한 매미 행동을 조선왕조에서는 국가 관리들의 행동강령으로 삼았습니다.

조선왕조 시대에는 조정에서 모든 관리가 집무할 때 사모관대(紗帽冠帶)를 갖추게 하여 문무(文武)를 구별하고 품계(品階)를 표시하여 위계질서(位階秩序)를 바로잡았습니다.

특히, 왕(王)과 세자(世子) 그리고 세손(世孫)은 무늬와 색상은 달랐으나 의관(衣冠)은 공통으로 곤룡포(袞龍袍)와 익선관(翼蟬冠)을 착용했습니다. 익선관은 매미의 날개를 모방하여 만든 의관(衣冠)입니다.

임금의 익선관은 매미의 양 날개를 하늘로 향하게 하여 위엄을 보이게 했으며, 조정의 백관(百官)들은 매미 날개 형상을 위로 향하게 하지 않고 양옆으로 늘어뜨려 만백성의 의표(儀表)가 되라는 상징(象徵)으로 표현했습니다.

그 외에 평생 벼슬을 못 한 백성들도 혼례식(婚禮式) 때만은, 신랑(新郎)은 익선관의 형태인 사모관대를 신부(新婦)는 궁궐 여인들이 가례(嘉禮) 때 입는 활옷의 일종인 원삼(圓衫) 족두리 착용을 허락하여 조정에서도 혼례를 축하하여 주었습니다. 온 나라가 매미의 오덕을 음미하고 실천하는 청백리(淸白吏) 강토였습니다.

짧고 청빈한 삶을 살다가 생(生)을 마감하는 매미에게서 우리는 무엇을 배워야 할까요?

오덕(五德)을 갖춘 매미보다 못한 사람이 많은 세상, 특히, 자기 배만 채우려 드는 사람, 신의(信義) 없는 위정자(爲政者)들,
남을 밟고 올라서야 직성이 풀리는 못난 사람들, 모두 매미에게 배워야 할 게 많은 것 같습니다.

이에 매미의 오덕(五德)은 오늘날에도 '군자오덕(君子五德)'으로 삼을 만큼 중요한 의미를 찾을 수 있습니다.

- 좋은 글 중에서 -

♡ 얼굴 ♡

얼굴이란 우리말의 의미는
얼: 영혼이라는 뜻이고
굴: 통로라는 뜻입니다

얼빠진이: 얼이 빠진 사람,
얼간이: 얼이 간 사람,
어른: 얼이 큰 사람,
어린이: 얼이 이른 사람,
어리석은 이: 얼이 썩은 사람이고
그래서 멍한 사람들을 보면 얼빠졌다고 합니다.

죽은 사람의 얼굴과 산사람의 얼굴은 다르듯이
기분 좋은 사람의 얼굴과 기분이 나쁜 사람의 얼굴도 다릅니다.

사람의 얼굴은 영혼이 나왔다 들어왔다 하기에 변화무쌍합니다.

얼이 제대로 박혀 있는지 빠져 있는지 편안한지 불편한지
얼굴이 인격의 현주소인 것은
얼굴 표정을 통해 감정이 나타나기 때문입니다.

웃는 얼굴, 화난 얼굴, 놀란 얼굴, 무심한 얼굴, 냉정한 얼굴.
변화무쌍한 얼굴은 정직합니다.

표정이 그 사람의 인생을 결정하며
표정과 감정의 관계는 불가분의 관계라고 합니다.

처음 사람을 만났을 때,
첫인상이 결정되기에는 6초가 걸리며
첫인상이 결정하는 요소는
외모 표정 행동이 80%,
목소리의 높낮이 말하는 방법이 13%,
인격이 7%를 차지한다고 합니다.

나이가 들면 그 사람의 얼굴에 살아온 삶의 흔적이 나타나는데
항상 마음을 평화롭고 따뜻하게 유지하여
자신의 얼굴을 가꾸어야 합니다.

- 류태영 님의 메일에서 -

PART 3

감성적인 소통 커뮤니케이션

08
Chapter

설득 커뮤니케이션

학습목표

1. 설득력의 원천을 이해하고 설명할 수 있다.
2. 설득의 심리학을 이해하고 설득 커뮤니케이션에서 활용할 수 있다.

1. 설득력의 이해

1) 인간행동의 다양성

(1) 경제적 합리성 근거

인간은 어떤 의사결정을 할 때 합리주의적인 인간을 가정한다는 것이다. 이는 최소의 투입(비용)으로 최대의 효과(산출)을 얻으려고 한다는 경제성 모델에 근거한다. 사람은 누구나 의사결정할 때 가능한 많은 대안들을 모색하고, 평가하며 경제적으로 최적의 대안을 선택한다고 보기 때문이다.

(2) 제한된 합리성 근거

인간의 행동에 대해 인식하는 다른 시각으로, 미국의 인지심리학자이자 경자학자 허버트 알렉산더 사이먼(Simon, H. A.)의 어떤 선택을 할 때 이성에 따른 경제적, 합리적 결정만을 하는 것은 아니라고 보는 제한된 합리성 모델이 있다. 이것은 최적의 대안 선택에 있어서 개인의 성격차이, 인지능력의 한계, 정보 접근성의 한계와 부정확성, 선택결과에 대한 불확실성 지각, 시간적 한계 등으로 불가능하다는 것이다.

인간은 합리적인 이해득실만을 따져서 행동하지 않으며 사람과 상황, 경제적인 측면 외에도 명예나 체면과 같은 심리적 요인이 선택에 매우 크게 작용할 수 있다는 것이다. 우리가 제품을 구매할 때 외형이나 기능과 같은 효용성이나 가격, 접근성에 의해 구매를 결정하기도 하지만 기능이나 가격보다는 기업의 브랜드 이미지나 주변의 구전에 의해서 결정하는 경우도 많다. 이와 같이 제품이나 서비스가 제공하는 정서적 가치 때문에 구입하는 것을 친밀성에 의한 구매행위라고 한다. 예를 들어, 로또를 살 때 바늘구멍에 낙타가 지나가는 것과 같은 작은 확률이라는 것을 알면서도 수많은 사람들이 로또를 구매하는 이유는 순간에 느끼는 '선택의 즐거움'과 '추첨일까지 기대희망'이라는 정서적 가치 때문에 비합리적인 구매행위를 계속하고 있는 것이다.

2) 아리스토텔레스 설득의 3요소

아리스토텔레스(Aristoteles)는 고대 그리스의 철학자이자 수사학자로, 그의 저서 『수사학』에서 설득의 3요소를 로고스(logos), 파토스(pathos), 에토스(ethos)로 설명했다.

(1) 로고스(logos): 논리, 이성

로고스는 설득의 가장 중요한 요소이다. 로고스는 논리적인 근거를 제시하여, 상대의 논리와 이성을 통해 설득하는 것이다. 예를 들어, 어떤 제품을 판매하기 위해 설득을 하는 경우, 제품의 기능과 효능에 대한 논리적인 근거를 제시하여 듣는 사람의 이성을 자극하는 것이 효과적이다.

- 사실과 근거를 바탕으로 논리를 전개한다.
- 청중의 이해 수준을 고려하여 논리를 전개한다.
- 논리적 오류를 피한다.

(2) 파토스(pathos): 감정, 정서

파토스는 감정을 자극하여 상대의 마음을 움직이는 것이다. 예를 들어, 어떤 정치인을 지지하기 위해서 설득을 하는 경우, 정치인의 공약과 정책을 제시하여 대중의 감정을 자극하는 것이 효과적이라는 점이다. 감정은 이성보다 더 강력한 영향력을 미칠 수 있기 때문에, 파토스를 적절하게 활용하면 설득력을 높일 수 있다.

- 청중의 감정을 이해하고 공감한다.
- 청중의 감정을 자극할 수 있는 언어와 표현을 사용한다.
- 과한 감정 자극은 역효과를 낼 수 있으므로 주의한다.

(3) 에토스(ethos): 신뢰, 권위

에토스는 상대방에게 신뢰와 권위를 구축하는 것이다. 설득하는 사람의 신뢰와 권위를 의미한다. 에토스를 높이기 위해서는 설득자의 외모, 말투, 행동 등 모든 요소를 고려한다. 즉, 설득하는 사람이 전문적인 지식과 경험을 갖춘 사람, 공정하고 올바른 가치관을 가진 사람, 약속을 잘 지키고, 신뢰할 수 있는 사람이라는 모습을 갖추어야 한다. 예를 들어, 어떤 상품의 품질을 보증하기 위해 설득을 하는 경우, 그 업체의 신뢰성과 제품의 품질 검사 결과 등을 제시하여 청중의 신뢰를 얻는 것이 효과적이다.

- 전문성, 공정성, 신뢰성 등을 보여 준다.
- 청중과 공감하고 소통한다.
- 자신의 주장을 뒷받침할 수 있는 증거를 제시한다.

3) 설득의 힘

(1) 합법성의 힘

사람들이 이의를 제기하지 않고 당연하다고 믿거나 인정하는 법, 규정, 규범 등으로부터 나오는 힘이다. 법대로 원칙대로 하는 것이 문제나 갈등상황에서는 중요한 해결의 역할을 한다. 그러나 모든 규정과 규범, 규칙에는 예외가 있고 상황과 시간에 따라 변화하기도 하므로 합법성에 도전하여 원하는 것을 얻을 수 있다.

(2) 윤리성의 힘

도덕적, 윤리적 기준에 따라 나오는 적합한 힘이다. 도덕성에 못지않게 일상에 영향을 미치는 것이 체면의 힘이다. 특히 우리나라 사람들은 생활 전반에도 체면에 신경을 쓴다. 존중받기 위해서, 품위 있게 보이기 위해서, 바른 사람이 되려면, 유능한 사람이라면 등의 표현은 체면의식을 이용한다고 하겠다.

(3) 전문성의 힘

전문적인 지식이나, 기술, 경험, 노하우 또는 독점적 정보에 바탕을 둔 힘이다. 교수, 의사, 변호사, 컨설턴트, 연구원 등의 전문직 종사자는 물론 조직 내에서 중요한 프로젝트를 수행한 사람이나 보직을 맡은 사람들이 힘을 발휘하는 경우를 종종 볼 수 있다.

(4) 선례의 힘

관행이나 과거의 사례 등으로부터 나오는 힘이다. 마땅한 선택의 기준이 없는 관계나 과거 사례, 또는 국내외를 참고하여 일을 처리하는 경우가 이에 해당한다.

(5) 끈질김의 힘

인내를 가지고 오래 버팀으로써 목적을 달성하는 경우이다. 일을 한 번 시작하면 끝을 보고 마는 강인한 의지와 실행력은 다른 사람들로 하여금 카리스마를 느끼게 하여 힘을 발휘하도록 한다.

Worksheet

1. 어떤 결정을 할 때 '경제적 합리성'과 '제한된 합리성 모델'에 근거하여 의사결정을 했던 사례를 생각하고, 이유에 대해서 이야기 나눠 보시오.

2. 최근 설득력의 힘에 의해 설득이 된 경우를 생각해 보고 어떤 이유인지 공유하시오.

2. 설득의 심리학

1) 상호성의 원칙

Give and Take 원칙이라고도 하는 이 원리는 우리는 다른 사람이 베푼 호의를 그대로 갚아야 한다는 것이다. 친구가 생일을 기억하고 생일선물을 보내면 자신도 친구의 생일을 기억하고 생일날 선물을 보내야 하며, 어떤 사람이 저녁시간에 초대하면 언젠가는 그를 저녁식사에 초대해야 한다는 것이다. 상호성의 원칙은 지속적인 사회적 교환이 유지되려면 교환, 호혜, 관계라는 세 가지 측면이 중요하다. 즉, 교환이 발생하되 서로에게 혜택이 되는 호혜적 교환이 일어나야 하고, 호혜적 교환이 장기간에 걸쳐 발생함으로써 조화로운 관계를 형성해야 한다는 것이다. 사회적 교환에서 가장 중요한 것은 교환 당사자 간의 신뢰이다.

2) 선택적 인식의 원칙

사람들이 어떠한 사물이나 현상을 있는 그대로 정확하게 인식하는 것이 아니라 개인의 가치관이나 신념, 욕구, 관심, 경험 등에 따라 선택적으로 인식한다는 것이다. 인간은 자신이 좋아하는 사람의 이야기에 귀를 기울이고 그 내용 또한 자기 좋을 때로 해석하는 경향이 있다. 어떤 사람에 대해 좋은 감정을 가지고 있으면 상대방의 말을 들을 때에도 긍정적으로 듣고 나쁜 감정을 가지고 있으면 부정적으로 듣는다.

3) 일관성의 법칙

사람들은 일관성을 유지하려는 심리가 있다. 일관성이란 두 개 이상의 요소가 서로 일치하는 정도이다. 말과 말, 말과 행동, 신념과 태도, 태도나 신념들과 행동 사이의 일관성이 유지되어야 마음이 편하다는 것이다. 그래서 '한 입 가지고 두 말 하지 마라', '언행일치' 해야 한다는 것은 설득할 때 일관성의 심리를 이용하는 것이며, 신뢰를 결정하는 요소이기도 하다.

4) 호감의 원칙

사람들은 누구나 자신에게 호의적인 사람, 친근한 사람에게 호감을 느끼는 경향이 있다. 같은 업종, 같은 고향, 같은 학교, 같은 입장과 생각이라든지 뭔가 상대방과 일치되는 면이 있으면 호감을 느끼기에 상대방의 화제에 동감을 표시함으로써 정서적인 동질감을 이끌어 낸다.

5) 사회적 증거의 원칙

다수의 편에 함께 있어서 심리적 안정감을 느낀다는 모방심리와 안전 욕구 심리에서 기인한 것이다. 물건을 살 때 유행상품이라든지, 맛집 검색으로 한 번쯤 많은 사람이 머문 곳에 동참하고자 하는 것 또한 사회적 증거의 원칙과 관련이 있다.

6) 권위의 원칙

사람들은 권위에 약하다. 가끔은 전문가도 잘못된 생각이나 주장을 할 경우가 있음에도 나보다 많은 지식이나 힘을 가지고 있는 사람은 무조건 옳다고 생각하는 경우가 있다. 미국 보건성의 보고에 의하면 환자의 투약과정에서 매일 평균 12%의 실수가 발견되었다고 한다. 이것의 원인은 다양하지만 투약 사고의 가장 중요한 부분은 병원 근무자들이 환자 주치의의 지시에 너무나 맹목적으로 복종하고 있기 때문이라고 한다. 하나의 사례로 투약을 위한 처방전에 'Place in Right ear.(오른 쪽 귀에 투약하시오)'라고 쓰는 대신 의사는 약식으로 'Place in R ear.'라고 적었다. 의사의 처방전을 본 간호사는 의사의 처방전을 'Place in Rear.(뒤에, 항문에 투여하시오)'라고 오해하여 귀에 넣어야 할 약을 환자의 항문에 집에 넣은 경우가 있었다.

7) 희소성의 원칙

"마지막 기회입니다."라는 홈쇼핑이나 매장의 직원의 목소리에 마음이 흔들린 경험이 있을 것이다. 사람들은 희소성이 있는 것일수록 가치를 높게 평가하는 경향이 있다.

Worksheet

1. 설득의 심리학의 각각의 사례를 주변에서 찾아보시오.

2. 설득에서 자기 자신이 빈번하게 사용하는 설득의 힘과, 설득의 심리학은 무엇인지 공유하시오.

8) 비평을 받아들이는 요령

비평을 받았을 때 먼저 그 비평의 타당성 여부를 판단한 뒤 그 비평이 타당하지 않다고 생각되는 경우 그것의 반론을 제기하고 반문할 수 있다. 그러나 타당한 비평인 경우에는 구제적인 조언을 구해 본다. 물론 상대방의 대안을 반드시 받아들여야 한다는 것은 아니다. 경청하고 나서 건설적이고 진심의 비평을 해 준 상대방의 의견에 감사를 표한다.

- 자기 비판적이거나 자기 변명적인 말을 장황하게 늘어놓지 않는다.
- 비평이 불명확할 때는 명확하게 이야기해 줄 것을 부탁한다.
- 만일 본인이 다른 견해를 가지고 있을 때는 비평에 대해서 공격을 하지 말고 본인의 의견을 밝히는 것이 좋다.

감성 커뮤니케이션

09 Chapter

학습목표

1. 감성과 감성지능의 개념을 이해할 수 있다.
2. 감성지능의 개발과 향상을 통해 바람직한 인간관계를 할 수 있다.
3. 인간관계에서 스트레스 개념을 이해하고 관리할 수 있다.

1. 감성의 이해

1) 감성의 개념

감정이란 간단히 말해서 '현재 느끼는 것'이다. 즉, 어떤 때는 행복하고 어떤 때는 걱정하거나 어떤 때는 당황하거나 어찌할 바를 모르겠는 경우도 있다는 것은 느끼는 것을 말한다. 이런 감정이 느껴졌을 때 감정의 반사적 반응행동을 가치 있게 여기는 행동으로 바꾸는 의도성(Intentionality)이라는 스킬은 중요하다. 감성은 어린아이 같아서 연상작용을 잘하고, 종종 과거와 현재를 구별하지 못하는 실수를 범하기도 한다. 어떤 사건의 일부분이 감정과 연관되어 기억된 정보와 유사한 경우 감성마음은 현재의 상황이 마치 과거의 상황인양 반응한다는 것을 인식해야 한다.

감정은 현재 상황과 과거 상황을 구분하고 조절하는 것이 매우 중요하다.

2) 감성지능의 개념

감성이란 사전적 의미로는 '자신과 다른 사람의 감정을 이해하는 능력과 삶을 풍요롭게 하는 방향으로 감정을 통제할 줄 아는 능력'이라고 정의하고 있다. 감성지수와 지능지수와는 전혀 다른 지능으로 마음의 지능지수로 볼 수 있다. '감정지능(EI)'은 자신이나 타인의 감정을 인지하는 개인의 능력을 나타내는 용어이다.

그러므로 감정지능은 자신과 타인의 감정을 잘 통제하고 여러 종류의 감정들을 잘 변별하여 이것을 토대로 자신의 사고와 행동을 방향 지을 근거를 도출해 내는 능력으로 볼 수 있다.

이 용어는 심리학자이자 과학언론인인 다니엘 골먼(Daniel Goleman)이 쓴 책으로 인해 중요성을 인정받았다. 그동안의 연구들에 의하면, 높은 감정지능을 갖춘 사람은 더 정신건강 상태가 좋고, 더 나은 업무 수행과 더 강한 리더십 기술을 갖고 있음을 보여 주고 있다. 예를 들면, 골먼의 저서에 있는 연구(Working with Emotional Intelligence)에 따르면 감정지능은 리더가 우월한 성과를 내기 위해 필요하다고 여겨지는 능력의 67%를 차지한다. 그리고 기술적 전문지식이나 IQ보다 두 배 더 중요하다고 기술하고 있다.

골만은 감성지능을 다음과 같이 정의한다.

- 자신의 진정한 기분을 자각하여 이를 존중하고 진심으로 납득할 수 있는 결단을 내릴 수 있는 능력이다.
- 충동을 자제하고 불안이나 분노와 같은 스트레스의 원인이 되는 감정을 제어할 능력이다.

- 목표 추구에 실패했을 경우에도 좌절하지 않고, 자기 자신을 격려할 수 있는 능력이다.
- 타인의 감정에 공감할 수 있는 공감능력이다.
- 집단 내에서 조화를 유지하고 다른 사람들과 서로 협력할 수 있는 사회적 능력 등이 있다.

3) 감성지능의 하위요인

구분	내용
1요인: 정서 지각, 평가, 표현 (Emotional Perception & Identification)	어떤 대상이나 예술작품, 이야기나 음악 등 다른 자극에서 유발되는 정서뿐만 아니라 자신과 타인의 정서를 지각하는 능력이다. 감정을 표정이나 몸짓으로 나타내는 것, 감정에 주의를 기울이는 것, 얼굴 표정, 목소리 톤, 예술작품 등의 정서적 메시지를 지각하는 것을 포함한다. 가장 기본적이고 기초적인 감성반응으로서 감정을 지각하고, 표현하는 능력으로부터 시작되며, 이 능력이 없이는 감성지능이 시작될 수 없다.
2요인: 정서 사고 촉진 (Emotional Facilitating of Thought)	정서가 인지체계 안에 들어가서 감정을 의사소통하기 위해서 또는 인지과정에 사용하기 위해서 필요할 때 정서를 유발하고 사용하고 느낄 수 있는 능력이다. 정서에 사고과정이 포함되어 정서정보를 활용하여 사고의 우선순위를 정한다든지 정서정보를 활용하여 판단하고 기억하고, 다양한 관점을 취하고 문제해결을 촉진하게 된다. 인지적 사고과정을 촉진하기 위해서 정서정보를 활용하게 되는데 어떻게 정서가 인지체계 안으로 들어가서 사고를 돕고 인지에 영향을 주는지가 이 영역에서의 주된 관심이다.
3요인: 정서 이해 (Emotional Understand)	정서정보를 이해하고 어떻게 정서가 관계를 통해서 혼합되고 진행되고 전이되는가, 시간에 따라 정서가 어떻게 변하는가를 이해하는 능력 및 정서적 의미를 이해하는 능력이다. 정서를 이해하고 추론할 수 있으며 이 능력을 통해 인간의 본질과 대인관계의 본질을 이해할 수 있다.
4요인: 정서 조절 (Emotional Management)	개인적인 성장과 이해를 증진시키기 위해서 자신과 타인의 감정에 개방적이며 이를 조절할 수 있는 능력이다. 이러한 반영적 정서조절능력은 정서를 지각하는 능력이 바탕이 되고 그 다음으로 정서의 변화를 사용하여 사고를 촉진하고 정서를 완전히 이해할 수 있는 능력이 획득되고 정서를 완전히 이해할 수 있어야 도달할 수 있는 능력으로 정서를 완전히 조절하고 다루는 데 필수적인 지식을 가지게 되는 것이다. 감성지능이 높은 사람은 불안정한 기분의 상태를 잘 조절할 수 있고, 기분에 대한 상당한 이해를 가지고 있다고 볼 수 있다.

2. 감성지능

1) 감성지능 5지능 분류

(1) 자기인식지능(Self-awareness)

① 다른 사람들에 대한 자신의 영향뿐만 아니라 기분, 감성 및 동인(Drives)을 인지하고 이해하는 능력, 즉 자신의 감정을 빨리 인식하고 알아차리는 능력이다. 자기감정인식은 자신에 대해 얼마나 잘 알고 있는가에 대한 지능이다. 감정인식지수가 높은 사람은 자신에 대해 잘 알고 있기 때문에 모든 의사결정 순간에 정확하게 자신에게 맞는 상황을 선택하는 능력이 있다.

② 자신감이나 현실적인 자기 평가, 자신의 중요성을 최소화하는 유머감각의 특질을 가진다.

(2) 자기감정조절지능(Self-Regulation)

① 자기감정조절은 상황에 맞는 자기 감정절제력에 대한 내용이다. 자신의 감정에 따라 즉각적으로 행동하는 것을 자제하고 표현할 수 있는 능력이며, 파괴적인 충동, 기분을 통제하거나 방향을 바꾸는 능력으로 행동하기 전에 판단을 보류하는 성향이 있다. 이것은 상황과 분위기에 맞게 자신을 조절하지 못하여 타인에게 불쾌한 감정을 전이하거나 타인을 공감하지 못하는 상황을 자주 발생시키는 사람은 주변 사람들에게 불편함을 준다. 감성지능의 핵심지능이라고 할 수 있다.

② 신뢰와 성실성, 모호함에서의 편안함, 변화에의 개방성의 특질을 가진다.

(3) 자기동기화지능(Motivation)

① 자기동기화는 힘들고 어려운 상황에서 어떻게든 스스로에게 힘을 줄 수 있는 끈기와 인내의 능력이다. 돈이나 지위를 초월하여 일을 하는 열정으로서 자신의 감정을 다스리고 자기 스스로 동기부여 하는 것을 포함한다. 확실한 목표를 가지고 잘 참아 내서 성취하는 기쁨을 느낄 줄 아는 사람은 그렇지 못한 사람보다 성공 가능성이 높을 수 있다.

② 에너지와 인내를 갖고 목표를 추구하는 성향, 강한 성취욕구, 실패에 직면하여서도 낙관과 조직에 헌신하는 특질이 있다.

(4) 감정이입지능

① 타인의 감정을 읽고 타인이 원하는 바를 알아서 행동해 주고 공감할 수 있는 능력이다. 타인의 감성적 기질을 이해하기에 사람들의 감성적 반응에 따라 표현하고 대우해 줄 수 있는 스킬이다. 이것은 타인에게 위로가 되어 줄 수 있으며 좋은 인간관계를 가질 수 있게 한다.

② 재능을 구축, 보유하는 전문적 지식과 서로 다른 문화 간의 민감성과 클라이언트 고객서비스에 특질을 가진다.

(5) 사회적 상황판단지능

① 상황에 맞는 행동과 대안을 제시하는 유연하고 현명한 행동능력으로 관계를 관리하고 네트워크를 구축함에 있어서 능숙한 스킬이다. 타인과 공통점을 발견하고 친근한 관계를 구축하는 능력이다. 고정관념이나 선입관에 매어 있지 않고 항상 주변상황에 맞게 대처한다면 충돌도 많이 피할 수 있다.
② 변화선도에 있어서의 유효성과 설득력, 팀 구축 및 리드하는 전문적 지식, 기술을 특질로 한다.

Worksheet

1. 감성지능의 하위요소와 각 5지능의 개념을 정리하시오.

2. 감성지능의 각 5지능에서 본인이 부족하다고 생각하는 지능과 각 5지능을 개발하고 높이는 방법을 정리하고 공유하시오.

3. 스트레스 관리

1) 스트레스 개념

스트레스란 '팽팽하게 조이다'라는 뜻의 라틴어 Stringere에서 유래한 것으로 "내적 혹은 외적 자극에 대한 모든 비구체적인 반응"을 말한다. 1954년 캐나다 의사 한스 셀리(Hans Selye)가 처음 사용했으며 "만병의 근원", "조용한 살인자"로 불린다.

특히 내과 입원 환자의 70% 스트레스와 연관되어 있다고 한다.

사전적인 의미로 본다면 적응하기 어려운 환경에 처할 때 느끼는 심리적, 신체적 긴장상태를 말하며 지금 자기에게 부과된 요구수준과 이 요구에 부응할 수 있는 자신의 능력 간에 어떤 불균형을 지각할 때 일어나는 생리적·심리적 반응으로, 위기상황에 대한 방어체계를 말하는 것이다.

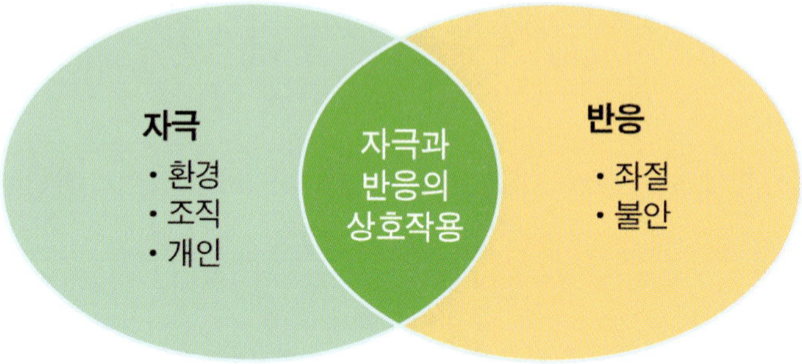

[그림 9-1] 스트레스 구성요소

2) 스트레스 관리

스트레스는 신체적 · 정신적 건강을 해칠 뿐만 아니라 조직의 능률을 저하시킨다. 일상생활이나 조직생활 속에서 누구나 수많은 스트레스를 겪게 되며, 급속도로 변화하는 환경에서 직무상 역할 과중이나 역할 과소로 인하여 스트레스는 점점 더 증가되고 있다. 적당한 스트레스는 개인의 심리적 성장, 창의적 활동, 새로운 기술 습득 등을 가능하도록 긴장상태를 유지시켜 주지만 과도한 스트레스는 피곤함, 무기력함, 좌절감, 소외감 등을 야기시켜 우리 인간에게 신체적 · 정신적 건강에 악영향을 줌으로써 개인생활뿐 아니라 사회생활에서도 많은 지장을 초래한다.

개인이나 조직에 있어서 스트레스는 공기와 같아 언제 어디서든 누구든지 경험하는 인생의 한 부분이기 때문에 스트레스에 관련해서 '스트레스에서 완전히 해방은 죽음'이라고 말하기도 한다. 직장인의 경우 갈등이 개인의 생활에서는 물론 조직 내에서의 생활에서도 중요한 부분이듯이 직무 스트레스도 피할 수 없는 직장생활의 동반자가 되고 있다. 한 통계에 의하면 '상사, 부하, 동료와의 갈등 37.3%, 조직 내에서의 역할 24.2%, 업무과중 11.3%, 적성불일치 10%, 승진과 이동에 대한 부담 7.7%, 열악한 직무환경 4.7%'로 나타났다. 우리나라의 40대와 50대 남자들의 사망률이 세계적으로 가장 높다는 통계보고도 있는 현실이다.

직장인이 경험하는 직무스트레스의 결과는 개인의 건강을 해치는 것은 물론 결과적으로 조직에서도 비용 증대와 생산성 저하 등의 부정적인 영향을 미치게 되고 사회에도 심각한 문제가 되고 있다. 이처럼 생활에서도 조직에서도 직무스트레스는 피할 수 없는 직장생활의 중요한 동반자가 되고 있으며 일상적 스트레스뿐 아니라 직무스트레스는 원만한 인간관계 유지를 위해서도 중요하게 관리되어야 한다.

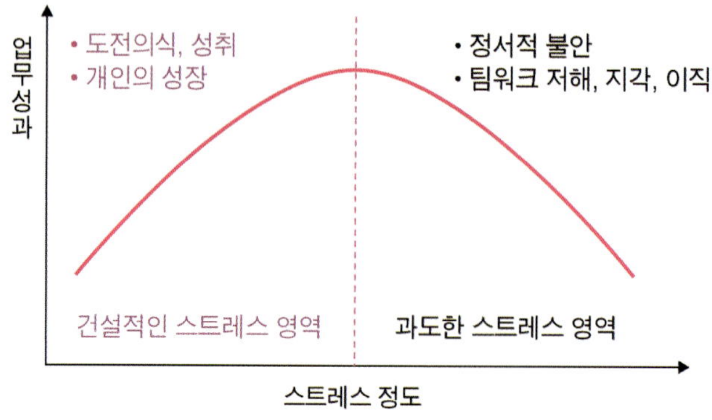

[그림 9-2] **스트레스와 직무수행과의 관계**

직무스트레스의 특성 중 가장 중요한 것은 양면성을 가지고 있다는 것이다. 그것은 그 자체로 좋거나 나쁜 성질의 것이 아니다. 스트레스가 없거나 낮은 그리고 지나치게 높거나 많아서 해로운 스트레스를 '디스트레스(Distress)'라는 개념으로, 그리고 적정수준이여서 유익한 것을 '유스트레스(Eustress)'라는 개념으로 구분하여 부정적인 측면과 긍정적인 측면으로 구분되고 있다. 따라서 직무스트레스의 이 같은 양면성을 학자에 따라 건설적 또는 파괴적, 그리고 기능적 또는 역기능적, 그리고 긍정적 또는 부정적이라는 대조적인 개념으로 거론되고 있다.

3) 스트레스의 원인

스트레스는 누구에게나 존재하지만 내성적이고, 화를 잘 내며, 예민, 결벽증, 경쟁심이 과도하게 강한 사람일수록 스트레스에 노출된다.

(1) 외적인 스트레스

① 경제적 · 사회적 · 정치적 및 기술적인 변화와 불확실성 등을 내용으로 한 환경적인 원인

② 물리적인 것(소음, 조도, 온도, 공해 등)과 개인생활에서의 삶의 내용으로 하는 직무 외적인 원인

(2) 내적인 스트레스

① 조직 차원의 스트레스

핸디(C. Handy)는 직무스트레스를 일으킬 수 있는 조직차원의 상황으로 타인(부하)의 일에 대한 책임, 창의적인 활동을 해야 하는 기능, 연결고리 역할(조정활동)을 다해야 하는 어려움, 상하 간의 관계를 유지해야 하는 어려움, 경력의 불확실성 등을 제시했다.

조직 내에서 어떤 직무는 본질적으로 다른 직무들보다 더 많은 스트레스를 일으킨다는 조사연구가 많이 있다. 한 통계에 따르면 직무스트레스에 관한 연구를 거쳐 스트레스를 가장 많이 받는 12개의 직무를 순위에 따라 노동자, 비서, 검사, 임상실험 기술자, 사무실 관리자, 감독자, 경영자, 웨이터, 기계운정공, 농장 소유자, 탄광공, 화가 등을 제시하고 있다.

최근 일본의 한 잡지는 직장여성의 스트레스를 정신(대인관계), 육체(노동의 강도), 환경(사무실 조건) 등의 세 가지로 구분하여 여성에게 스트레스를 일으키는 직무를 간호사, 스튜어디스, 프로그래머, 백화점 판매원, 은행원 등의 순으로 제시하고 있다.

② 개인차원의 스트레스

- 역할 갈등(Role conflict)
- 역할 모호성(Role ambiguity)
- 질적 또는 양적인 업무의 과중(Job overload)
- 질적 또는 양적인 업무의 과소(Job underload)

4) 스트레스가 미치는 영향

(1) 개인에 미치는 영향

① 행동적 측면

생산성, 결근, 이직, 업적, 직무만족, 사고, 음주, 약물중독, 감정폭발, 식욕의 과다, 충동적 행동

② 신체적 측면

혈압증대, 높은 콜레스테롤, 심장병, 땀흘림, 입술이 마름, 고혈압, 궤양, 암, 천식, 당뇨병, 불면증, 편두통, 요통, 목과 어깨가 뻣뻣함

③ 심리적 측면

정서적 · 인지적인 것을 포함하는 것으로 불안, 무관심, 권태, 침울, 낮은 자존심, 소외감, 화냄, 직무불만, 공격성, 피로, 죄의식, 고독, 신경과민, 흥분, 불면증, 성기능감퇴, 긴장

(2) 조직에 미치는 영향

결근과 이직을 통해 직무불만뿐만 아니라 기업의 1차적 목적인 업적과 생산성도 감소되며 사고율이 높아지고 노사관계의 악화도 초래된다.

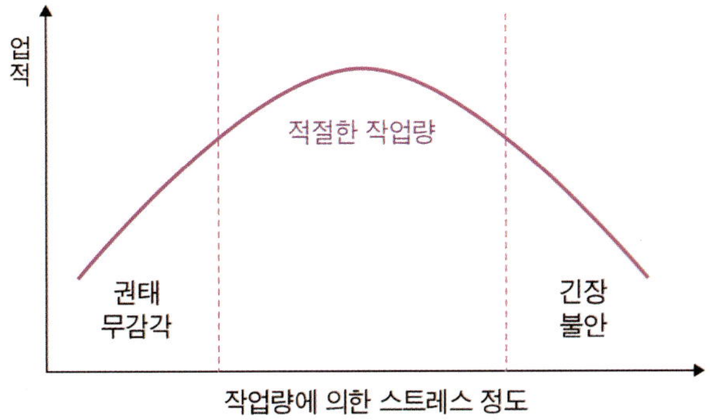

[그림 9-3] 업무량과 스트레스 및 업적관계

(3) 스트레스 전 증상

- 질병, 회의시간, 약속, 사건과 같은 중요한 정보를 기억하기 어려움
- 중요한 의사결정을 하는 데 있어서 지체와 망설임
- 타인을 지나치게 비판하고 실수를 용납하지 않으려는 경향
- 타인의 실패나 잘못에 대한 지나친 관심
- 긴장감, 신경성과 불만의 감정
- 식욕부진, 소화불량, 두통 등의 질병
- 직장 또는 식당 등과 같은 공공장소에서 타인의 업적을 고운 시선으로 보지 못함
- 연필을 갖고 논다거나 클립을 구부린다거나 손을 만지작거리는 등의 동작을 계속함
- 무관심하거나 도전적인 일을 하려 하지 않음

5) 스트레스 극복

(1) 개인차원

① 신체적 측면

음식, 휴식, 운동, 균형 갖춘 신체, 이완 등

② 인지적 측면

정서의 표출, 정서적 거리 유지와 정서적 지지 받기 등

③ 행동적 측면

합리적 대처, 현실적 기대감, 긍정적인 재해석 등

(2) 조직차원

개인차원의 극복이 개인적인 것에 초점을 둔 것이라면, 조직의 단위, 즉 집단을 다루고 집단 또는 전체적인 조직의 문제에 초점을 두고 극복의 방법을 찾아야 한다.

구성원의 참여(참여적 의사결정), 경영계획의 지원, 의사소통의 고무, 팀빌딩 지원, 배치프로그램, 의사소통, 직무설계, 융통적 시간, 종업원지원 프로그램, 경력개발 프로그램(경력경로계획과 카운슬링), 사회적 지원 시스템, 조직구조에의 관여, 조직구조와 기능의 변화, 직무 특성의 변화, 종업원 적응 프로그램, 목표설정, 지원적인 조직 풍토와 창조, 과업설계의 충실화, 갈등의 감소와 조직 역할의 명확화, 제도적인 프로그램(작업설계, 작업계획, 문화, 감독), 자주적인 작업집단의 설정, 종업원에게 건강 설비 제공 등이 있다.

Worksheet

1. 현재 스트레스를 받는 상황이 있다면 그 원인에 대해서 공유해 보시오.

2. 스트레스를 어떤 방법으로 관리하고 있는지 이야기 나누고 정리해 보시오.

10
Chapter

성격 유형 커뮤니케이션

학습목표

1. 성격이해의 목적을 알고 다르다와 틀리다의 의미를 설명할 수 있다.
2. 조하리의 창을 이해하고 설명할 수 있다.
3. 드라마를 통해 자기와 타인을 이해 할 수 있다.
4. 여러 가지 성격 이해 도구들의 개념을 이해할 수 있다.

1. 성격의 이해

사람과 사람들 사이의 관계를 기본으로 하는 현대사회에서는 상대방의 마음을 읽고 이해하는 방법에 대한 관심이 날로 증대되고 있다.

특히 성격을 이해하는 데 MBTI 열풍은 2020년대 들어 2030세대를 중심으로 급격히 확산된 현상으로, 성격 유형 검사인 MBTI를 통해 자신의 성격을 이해하고 타인과 소통하는 방법을 찾는 것이 트렌드일 정도로 전 국민에게 유행하였다.

MZ 세대의 자기 이해에 대한 관심 증가, 소셜미디어의 영향과 특히 코로나19로 인한 사회적 변화는 비대면 문화의 확산으로 타인과 소통하는 방법에 대한 관심의 도구로 활용될 수 있었기 때문이다. 가족, 동료, 후배와 상사와의 인간관계에서 갈등으로 가득 차 있다면 업무에서뿐만 아니라 개인의 행복도 느끼기 힘들 것이다.

이렇듯 인간관계에서 소통은 모든 일의 성공을 가늠하는 중요한 요소가 되어 가고 있다. 물론 소통은 수학 공식처럼 정답이 있는 것은 아니다. 그러나 다양한 시도와 접근, 갈등구조를 해석하려는 노력들을 통해 한 걸음씩 인간관계에 관한 이해의 폭을 넓혀 갈 수는 있을 것이다. 인간은 다른 사람과의 다양한 관계 속에서 살아가며, 상호작용 관계와 커뮤니케이션을 통해, 두 사람 이상의 사람들 사이에서 언어 · 비언어 등의 소통수단을 통해 감정, 생각, 느낌과 사실, 정보, 의견을 전달하고 피드백을 받는 과정을 겪게 된다. 그러기 위해서는 유형별 성격의 특징을 이해하고 유형에 맞는 대처와 소통의 응대를 한다면 좀 더 바람직한 관계형성이 가능할 것이다. 이러한 상호작용을 이해하고 활용하는 것은 인간의 삶에서 행복과 성공을 결정하는 중요한 역량이다.

1) 성격의 형성

바람직하고 개성 있는 성격을 갖는 것은 모든 인간의 바람이다. 어떤 사람은 성격을 결정하는 지배적인 요인을 유전이라고 하며, 어떤 이는 사는 지역의 풍토나 기후, 심지어 어떤 이는 먹는 음식이 성격을 결정하는 지배적 요인이라고 한다.

학문적으로 퍼스낼리티를 형성하는 요인(derterminants)에 대해 초기에는 유전적 요인인가, 환경적인 요인인가에 초점이 맞춰졌다. 그러나 이후 연구를 통해 두 가지 요인 중 어느 하나가 아닌 유전적 요인과 환경적 요인 두 가지 모두 동시에 영향을 받는다는 결론을 내렸다. 우리가 흔히 사용하는 '그 아비의 그 아들'이라든가 '씨도둑은 못 한다.'는 말은 유전적인 영향을 지적한 말이며 '맹모삼천지교(孟母三遷之敎)'라는 말은 환경적 요인을 지적한 말이다.

성격 형성에는 유전적 요인(heredity)과 환경적 요인(environmental factor)이 모두 영향을 주고 있다. 이에 유전적 요인은 부모로부터 물려받는 것이지만 환경적 요인은 가정, 친구, 문화, 집단 등의 세계에서 경험하고 체득하는 여건이 조직을 형성할 때 여러 가지 관계가 이루어지는데, 이러한 조직 내 사람과 사람 사이의 관계를 인간관계라 하며, 조직의 목적을 달성하기 위해 서로 협력하는 관계라고 할 수 있다. 좋은 인간관계는 조직구성원들이 조직에서의 성공 및 조직의 효율성을 통한 조직의 생산성을 향상시키는 원동력이 된다.

2) 행동의 기원

사람은 태어나 성장하면서 각기 다른 동기와 환경적 배경에 의해 나름대로 일정한 방식으로 행동을 취하게 된다. 그것이 자신만의 '성향'으로 자신의 삶 속에 자연스럽게 녹아들게 된다. 이것을 사람들 각각의 '행동패턴' 또는 '행동 스타일'이라고 한다.

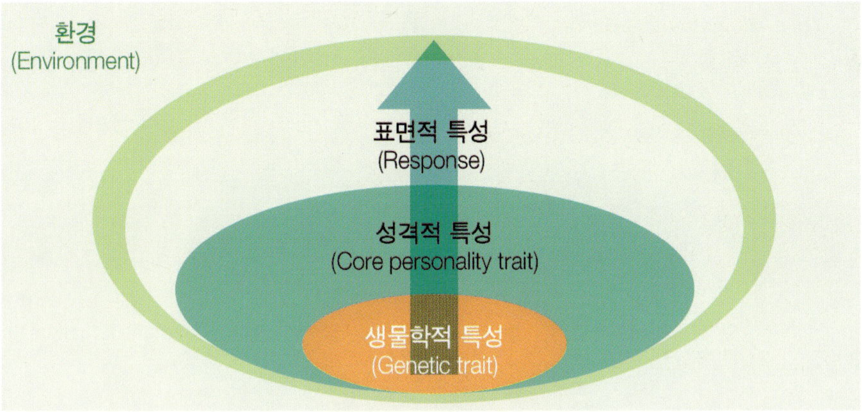

[그림 10-1] 행동의 기원

3) 행동 유형의 특징

대부분의 인간은 다음과 같은 행동 유형을 가지고 있다.

- 사람들은 서로 다른 행동의 경향성을 가지고 있다.
- 우리는 모두 각자 다른 방식으로 사람들을 본다.
- 사람들 간의 차이는 나쁜 것도 좋은 것도 아니다. 단지 다를 뿐이다.
- 우리는 객관적으로 사람을 보아야 한다. 다른 사람과의 행동유형의 차이에 대한 선입견을 가져서는 안 된다.
- 우리는 사람과의 관계에서 어떤 행동은 편안하게 느끼고, 어떤 행동은 불편하게 느낀다.
- 관계에서의 불편함은 긴장을 야기한다.

Worksheet

주변 사람들과의 관계에서 나와 다른 행동의 경향성 때문에 불편하거나 어려웠던 점을 생각해 보고 이야기 나눠 보시오.
(예: 음식, 패션, 환경 등)

2. 조하리의 창(마음의 창)

1) 조하리 창의 이해

조하리의 창(Johari's window)은 조셉 루프트(Joseph Luft)와 해리 잉햄(Harry Ingham)이라는 두 심리학자에 의해서 독창적으로 개발된 개념으로 '마음의 창' 또는 '마음의 4가지 창'이라고 하며 자아 개방에 큰 틀을 제공하고 있다. 아래 그림에서 나타난 바와 같이 조하리의 창은 자기 공개와 피드백의 특성을 보여 주는 네 가지 영역으로 구분되며, 그 네 가지 영역은 다음과 같다.

- 개방된 공개적 영역(Public)
- 깨닫지 못하는 맹목적 영역(Blind)
- 숨겨진 영역(Hidden)
- 아무도 모르는 미지의 영역(Unknown)

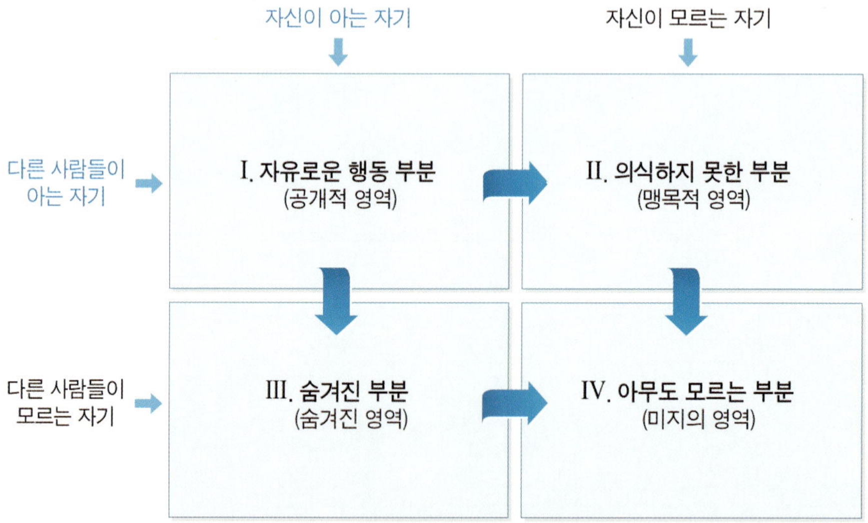

[그림 10-2] 조하리의 창

첫 번째, 공개적 영역은 나 자신에 대해 내가 아는 동시에 타인이 알고 있다. 이 영역에서는 개인에 관한 정보가 자신이나 타인에게 공개적으로 개방되어 있다.

두 번째, 맹목적 영역은 나에게 알려져 있지 않으나 상대방에게 알려져 있는 영역을 의미한다. 이른바 맹점에 대해 이야기하는 것이다. 대부분의 사람들은 이상한 행동습관, 특이한 말버릇, 독특한 성격과 같이 '남들은 알고 있지만 자신은 모르는 자신만의 모습'이 있는데, 이를 맹목적 영역이라 한다.

세 번째, 숨겨진 영역은 나 자신은 알고 있으나 다른 사람들은 모르는 영역이다. 자신의 약점이나 비밀처럼 다른 사람들에게 숨기는 나의 부분을 의미한다. 이 부분에 대한 정보는 개인 스스로 알리려 하지도 않으며, 오히려 다른 사람들이 알지 못하도록 의도적으로 숨기기도 한다. 이 부분을 노출하게 된다면 다른 사람들이 자신을 싫어하지는 않을까 두려워하기 때문에 정보 노출을 꺼린다. 때문에 숨겨진 영역은 대인관계를 저해하는 요인이 될 수도 있다.

네 번째, 미지의 영역은 나 자신에 대해 자신이나 타인 모두가 모르는 상태로서 누구에게도 알려지지 않은 부분이다. 심층적이고 무의식의 정신세계처럼 우리 자신에게 알려져 있지 않은 부분이 바로 이 미지의 영역이다. 때문에 이러한 부분은 자신의 행동과 정신세계에 대한 지속적인 관심과 관찰을 통해서만 자신에게 발견될 수 있다.

2) 조하리 창의 특성

일반적으로 사람마다 마음의 창의 모양이 다르다. 또한 개인이 대인관계에서 나타내는 자기 공개와 피드백의 정도에 따라 마음의 창을 구성하는 네 가지 영역의 넓이가 달라지게 된다.

첫째, 남도 알고 자신도 알고 있는 공개적 영역이 넓은 개방형의 사람은 적절하게 자기표현을 잘할 뿐만 아니라 다른 사람의 말도 잘 경청할 줄 아는 사람들로서 다른 사람에게 호감과 친밀감을 주어 인기가 있는 유형이다.

개방형의 사람은 대단히 원만한 대인관계를 갖고 있다. 다른 사람에게 관심을 가지기도 하며 자신의 의견이나 주장을 솔직하게 표현하는 유형이다. 대인관계에서는 이러한 유형이 바람직하다.

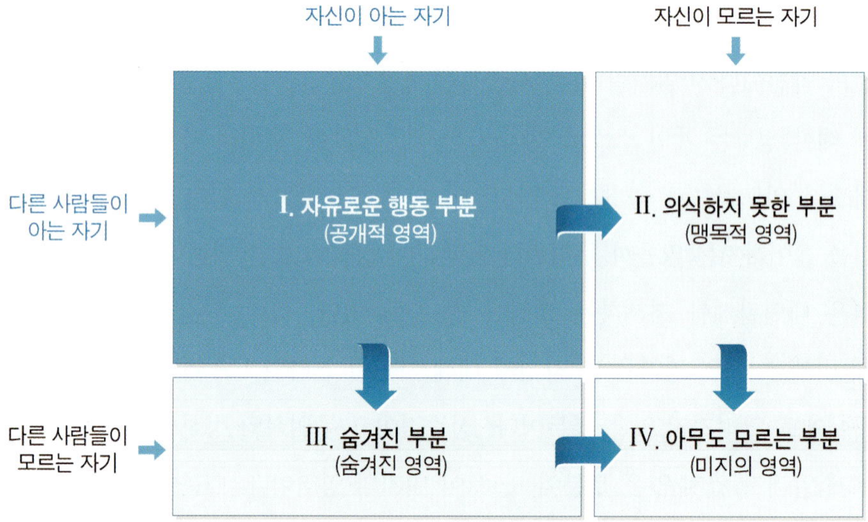

[그림 10-3] **공개적 영역**

둘째, 맹목적 영역이 넓은 사람은 남은 잘 알고 있으나 자신은 알지 못하는 영역이 넓은 사람으로 자신의 기분이나 의견을 잘 표현하며 자신감이 충만한 솔직하고 시원시원한 사람이다. 다른 사람의 말을 듣기보다는 자기가 말하는 것을 좋아한다. 다른 사람을 무시하는 독단적인 경향이 많아 상대방에게 독선적으로 비춰지기도 한다. 다른 사람이 볼 때는 술에 취했는데 자신은 전혀 취하지 않았다고 주장하는 것이 이러한 맹목적 영역이 넓은 사람들의 대표적인 행동 경향이다. 자기 주장형은 말이 많거나 독단적인 사람이므로 자신의 말을 줄이고 상대방의 말에 관심을 갖고 귀 기울이는 태도를 가지는 것이 바람직하다.

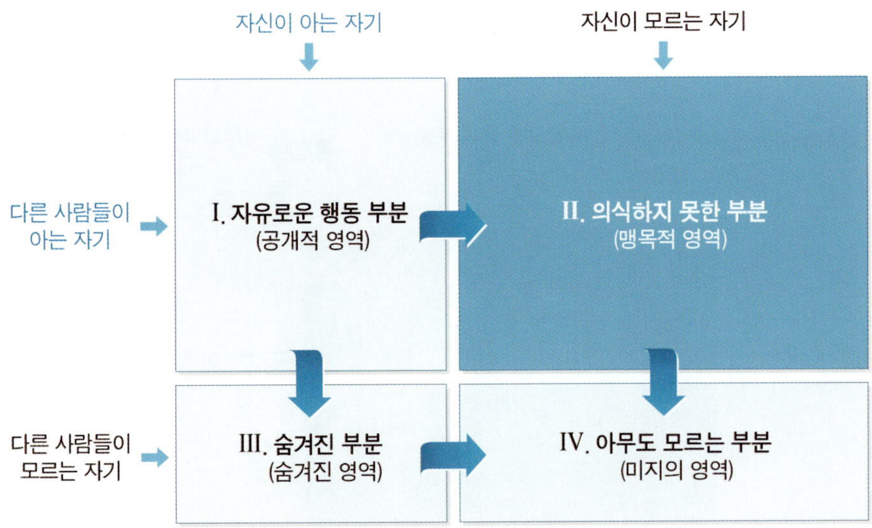

[그림 10-4] **맹목적 영역**

셋째, 숨겨진 영역이 가장 넓은 사람은 자신은 잘 알고 있으나 남에게 숨겨진 부분이 대단히 넓다. 또한 다른 사람에 대해서 수용적이며 속이 깊고 신중한 사람들이다. 말하기보다는 듣기를 좋아하며 매사에 비밀이 많아서 다른 사람이 접근하기 어려우며, 또한 다른 사람의 이야기는 잘 경청하지만 자신의 이야기는 잘 하지 않는 유형이다. 이들 중에는 자신의 속마음을 잘 드러내지 않은 사람이 많으며 계산적이고 실리적인 경향이 두드러진다. 이런 사람은 잘 적응하지만 내면적으로 고독감을 느끼는 경우가 많으며 현대인에게 가장 많은 유형으로 알려져 있다. 보다 솔직하고 확실하게 자신의 의견이나 주장을 내세우도록 노력해야 한다. 상대방에 대한 관심이나 경청은 많지만 자기표현이나 자기 개방을 잘 하지 않는 타입이므로 앞으로는 자신을 솔직히 드러내거나 자신의 의견 및 주장을 활발하게 펴는 노력이 필요하다.

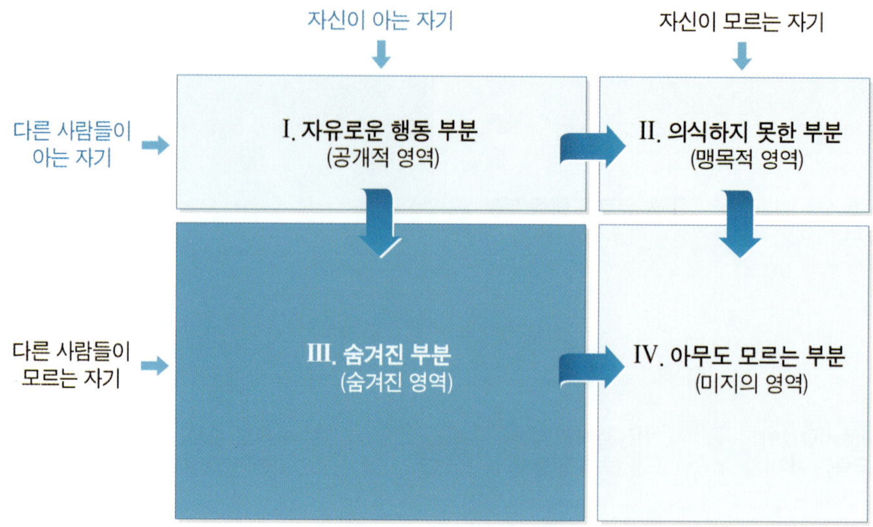

[그림 10-5] **숨겨진 영역**

넷째, 미지의 영역이 가장 넓은 사람은 자신과 남이 알 수 있는 영역이 대단히 좁다. 미지의 영역이 넓어서 고립되기 쉽고 매사 소극적으로 보이는 유형이다. 다른 사람과 접촉하는 것을 불편해 하거나 무관심하여 고립된 생활을 하는 경우가 많다. 이런 유형 중에는 고집이 세고 주관이 지나치게 강한 사람도 있으나 대체로 심리적인 고민이 많으며 부적응적 삶을 살아가는 사람들도 많다. 이런 사람은 대인관계에서 좀 더 적극적이고 긍정적인 태도를 가질 필요가 있다. 자신의 의견이나 주장을 솔직하게 표현하고 다른 사람에게 관심을 갖도록 노력해야 한다. 자기표현이나 상대방에 대한 관심을 많이 기울여야 한다. 인간관계의 개선을 위해서는 일반적으로 미지의 영역을 줄이고 공개적인 영역을 넓히는 것이 바람직하다.

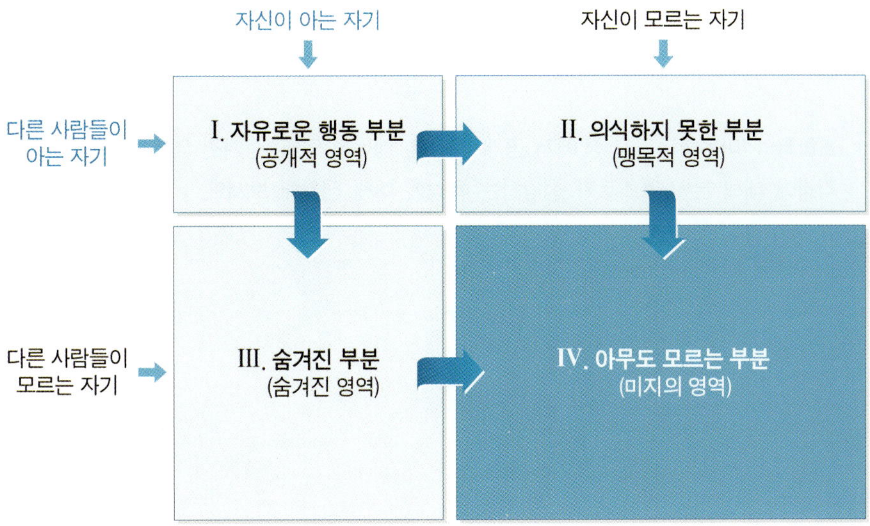
자신이 아는 자기
자신이 모르는 자기
다른 사람들이 아는 자기
다른 사람들이 모르는 자기
I. 자유로운 행동 부분
(공개적 영역)
II. 의식하지 못한 부분
(맹목적 영역)
III. 숨겨진 부분
(숨겨진 영역)
IV. 아무도 모르는 부분
(미지의 영역)

[그림 10-6] 미지의 영역

Worksheet

1. 조하리의 '마음의 4가지 창'에서 공개적 영역, 맹목적 영역, 숨겨진 영역, 미지의 영역 각각에 대해 본인 스스로가 생각하는 특성에 대해 생각해 보시오.

3. 드라마로 보는 나와 타인의 이해

1) 행동 유형 진단

우리 속담 중에 '지피지기(知彼知己)면 백전불태(百戰不殆)', 즉 상대를 알고 나를 알면 백 번 싸워도 위태롭지 않다는 뜻으로, 상대편과 나의 약점과 강점을 충분히 알고 승산이 있을 때 싸움에 임하면 이길 수 있다는 말이다.

나는 어떤 행동 유형에 속할까? 상대방은 어떤 행동 유형인가를 진단해 보자.

■ **행동 유형 진단 시 주의 점**

- 차이는 다를 뿐이지 틀린 게 아니다.
- 심리적 선호를 선택한다.
- 더 지속적이고 일관성 있게 활용하는 것으로 선택한다.
- 선택적으로 더 자주 더 많이 쓰는 것으로 선택한다.
- 선택적으로 더 좋아하는 것으로 선택한다.
- 상대적으로 편하고 쉬운 것으로 선택한다.
- 상대적으로 더 쉽게 끌리는 것으로 선택한다.

(1) 외향(External)과 내향(Internal)의 차이

① 외향(External)성 사람들의 특징

- 외부 활동과 적극성이 있다.
- 폭넓은 인간관계이다.
- 다수와 있는 걸 좋아하고 편안하다.
- 말로 표현하는 것이 익숙하다.

- 소모에 의한 에너지 충전
- 사교성이 좋다.
- 먼저 인사를 잘 한다.
- 여러 사람과 동시 대화해도 괜찮다.
- 정열적, 활동적인 사람으로 비춰진다.
- 경험한 후 이해
- 주변에 쉽게 알려지고 눈에 잘 띈다.

② 내향(Internal)성 사람들의 특징

- 깊이 있는 인간관계를 맺는다.
- 소수와 있는 게 편안하다.
- 글로 표현하는 게 익숙하다.
- 휴식하면서 에너지를 충전한다.
- 자기 공간이 편안하다.
- 1 : 1의 대화가 좀 더 편안하다.
- 조용하고 신중하게 보인다.
- 이해한 후 경험하는 편이다.
- 주변에 시간을 두고 서서히 알려진다.

(2) 사고(Thinking)와 감정(Feeling)의 차이점

① 사고(Thinking)형 사람들의 특징

- 관심의 주제는 진실, 사실, 객관적인 부분이 많다.
- 원리와 원칙을 중요하게 생각한다.
- 논리적, 분석적이다.
- 간단명료한 설명을 주로 한다.
- 지적 논평이 많다.
- 객관적 판단, 원인과 결과를 중시한다.
- 규범, 기준 중시하며 맞다, 틀리다로 이야기 하는 편이다.

② 감정(Feeling)형 사람들의 특징

- 관심의 주제는 사람, 관계, 보편적인 선에 있다.
- 의미와 영향을 중요하게 생각한다.
- 상황적, 포괄적이다.
- 정상을 참조한 설명을 주로 한다.
- 우호적 협조가 많다.
- 주관적 판단, 과정과 상황을 중시한다.
- 나에게 주는 의미를 중시하며, 좋다, 나쁘다로 이야기하는 편이다.

2) 행동 유형 찾기

(1) 유형 찾기

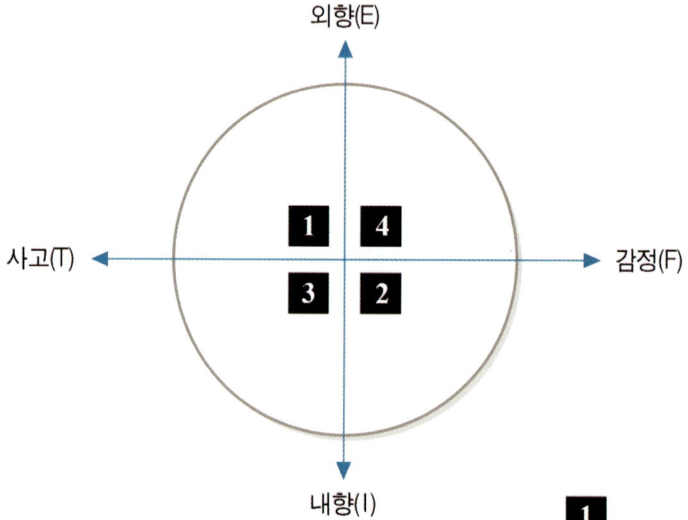

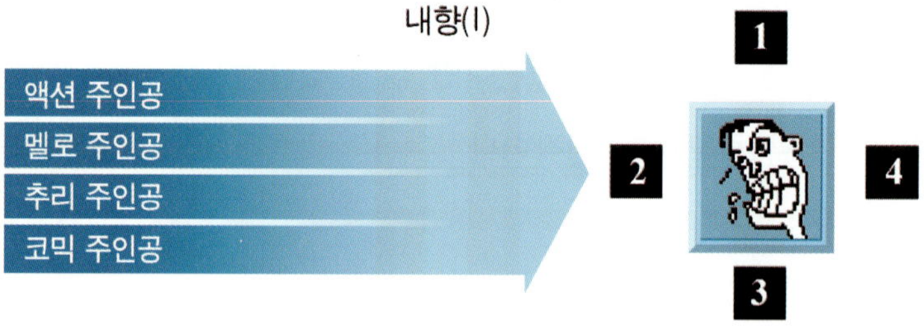

(2) 유형 진단

각 항목에서 주어진 단어를 잘 읽고 자신에게 해당되는 점수에 ○표를 한다.

자신을 가장 정확하게 묘사한다고 생각하는 것에는 '4점'을, 전혀 그렇지 않다고 생각하는 것에는 '1점'을 준다.

〈표 10-1〉 **행동 유형 진단하기**

항목 1	사교적인	이성적인	인정 많은	주도적인
	1 2 3 4 5	1 2 3 4 5	1 2 3 4 5	1 2 3 4 5
항목 2	외향적인	체계적인	배려하는	자기주장이 강한
	1 2 3 4 5	1 2 3 4 5	1 2 3 4 5	1 2 3 4 5
항목 3	유머스러운	논리적인	양보심이 강한	거침없는
	1 2 3 4 5	1 2 3 4 5	1 2 3 4 5	1 2 3 4 5
항목 4	활달한	치밀한	친절한	대담한
	1 2 3 4 5	1 2 3 4 5	1 2 3 4 5	1 2 3 4 5
항목 5	낙천적인	분석적인	헌신적인	도전적인
	1 2 3 4 5	1 2 3 4 5	1 2 3 4 5	1 2 3 4 5

예) 주의점: 같은 항목에서 동일한 점수를 줄 수 없다. 순차적인 점수를 준다.

항목 1	사교적인	이성적인	인정 많은	주도적인
	1 2 3 4 ⑤	1 2 ③ 4 5	1 2 3 ④ 5	1 ② 3 4 5

■ 유형 진단하기 점수 계산하는 법

① 각 항목별로 점수를 표시한 후 세로로 합한다.

② 세로 줄의 총점이 가장 높은 점수가 자신이 속한 유형이다.

- 주도적인, 자기주장이 강한, 거침없는, 대담한, 도전적인의 점수가 가장 높다면
  ………………………………………… 액션형의 성격
- 이성적인, 체계적인, 논리적인, 치밀한, 분석적인의 점수가 가장 높다면
  ………………………………………… 미스테리형 성격
- 인정 많은, 배려하는, 양보심이 강한, 친절한, 헌신적인의 점수가 가장 높다면
  ………………………………………… 멜로드라마형 성격
- 사교적인, 외향적인, 유머스러운, 활달한, 낙천적인의 점수가 가장 높다면
  ………………………………………… 코믹형의 성격

나한테 잘 어울릴 것 같은 역할은?

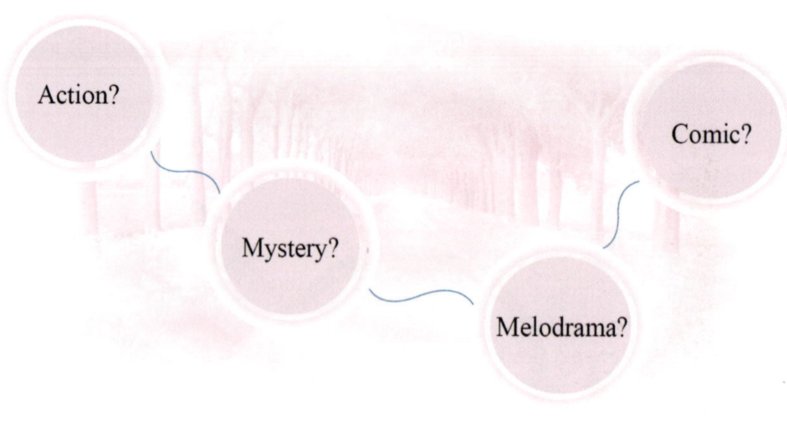

3) 각 행동 유형의 장·단점

행동 유형을 통한 성격의 이해는 MBTI와 마찬가지로 자기와 타인의 성격을 이해하는 데 도움이 되는 도구이지만, 이를 맹신하거나 고정관념으로 받아들이는 것은 바람직하지 않다. 모든 성격도구는 개인의 성격을 이해하는 데 도움이 될 수 있는 하나의 틀일 뿐, 그 자체가 성격을 규정하는 것은 아니라는 점을 인식하고 소통하는 것이 바람직하다.

(1) 네 가지 행동 유형의 장점

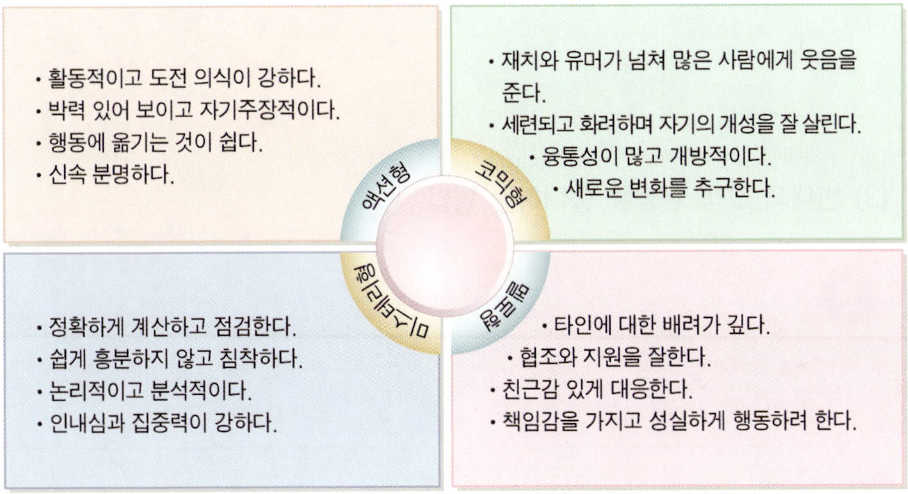

(2) 네 가지 행동 유형의 단점

액션형

- 거칠게 행동할 수 있다.
- 강제적이고 독재적으로 행동할 수 있다.
- 타인의 허락 없이 주관대로 행동할 수 있다.
- 타인에 대한 배려가 없을 수 있다.

코믹형

- 분위기나 사람에게 지나치게 동조한다.
- 장소에 어울리지 않고 너무 튈 수 있다.
- 일관성이 없고 변덕이 심한 것으로 보일 수 있다.
- 한 가지 일을 오래하지 못한다.

미스터리형

- 지나치게 따지는 것으로 보인다.
- 무표정하여 때로는 감정이 없는 것처럼 보인다.
- 논리적인 면을 지나치게 강조하는 것처럼 보인다.
- 고집이 세고 완고하여 융통성이 없게 보일 수 있다.

멜로형

- 자신의 의견에 대해 주장하지 못하고 양보만 할 수 있다.
- 권위를 가진 사람에 대해 좀 더 협조를 잘할 수 있다.
- 지나치게 친절해서 상대방에게 부담을 줄 수도 있다.
- 의심하지 않고 쉽게 믿는다.

(3) 반대적 고객 유형을 응대하는 방법

E

· 말하기 전에 마음속으로 자문하기
· 화자에서 청자로의 역할 바꾸기
· 상대방이 표현할 때까지 기다리기

I

· 타인에게 먼저 접근하여 질문하기
· 청자에서 화자로의 역할 바꾸기
· 먼저 표현해 보기

T

· 비판하고 싶을 때 F/B 뒤로 미루기
· 상대의 기분과 감정 헤아려 보기
· 나와 상대방의 정서에 귀 기울이기

F

· 감정이 격할 때 반응하는 것 참기
· 현 상황에서 객관적인 것 찾아보기
· 기분/느낌과 별도로 대안 생각하기

4. 성격 유형 도구의 이해

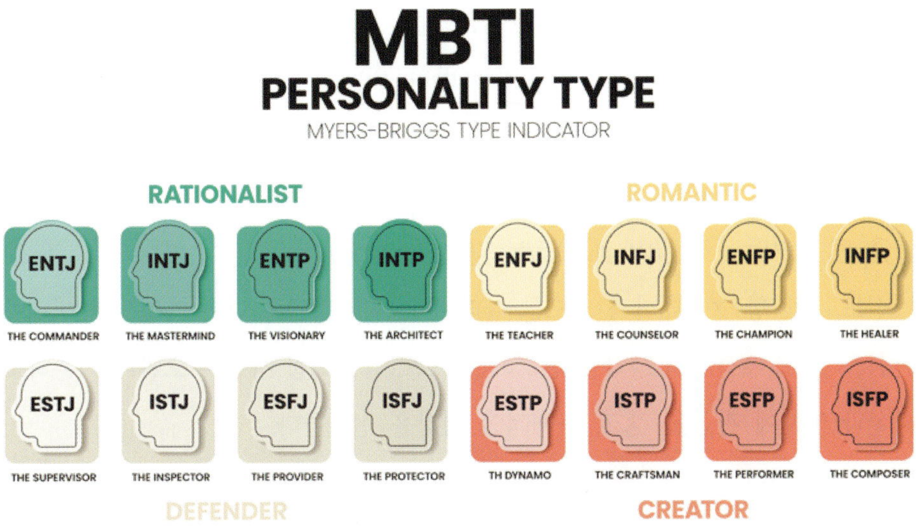

1) MBTI

MBTI(Myers-Briggs Type Indicator)는 마이어스(Myers)와 브릭스(Briggs)가 융(Jung)의 심리 유형론을 토대로 고안한 자기 보고식 성격 유형 검사도구이다. 개인의 성향과 선호도를 4가지 분류가준에 따라 16가지의 심리유형으로 분류하게 된다.

정신적 에너지의 방향성을 나타내는 외향- 내향(E-I) 지표, 정보 수집을 포함하여 인식의 기능을 나타내는 감각- 직관(S-N) 지표, 정보수집을 토대로 합리적으로 판단하고 결정 내리는 사고-감정(T-F) 지표, 인식 기능과 판단 기능이 실생활에서 적용되어 나타난 생활 양식을 보여 주는 판단-인식(J-P) 지표가 기준이다. 이러한 4가지의 선호지표에 의해 조합되어 16가지 성격유형으로 구분되며, 성격적 특성과 행동적 관계를 이해할 수 있다. [네이버 지식백과] MBTI [Myers-Briggs Type Indicator] (심리학용어사전, 2014. 4.)

(1) 4개의 차원에서의 선호도 구분 지표

① 에너지방향: 내향(Introverted) vs. 외향(Extraverted)

에너지의 방향에 대한 선호도를 나타낸다. 내향적인 사람은 혼자 있는 시간을 선호하고, 생각과 내면 세계에 집중하는 반면, 외향적인 사람은 사람들과 함께 있는 시간을 선호하고, 외적인 활동에 참여하는 경향이 있다.

② 인식 기능: 직관(Intuitive) vs. 감각(Sensing)

정보 수집 방식에 대한 선호도를 나타낸다. 직관적인 사람은 가능성과 미래에 관심을 갖고, 추상적인 생각을 선호하는 반면, 감각적인 사람은 오관에 의존하고 사실과 현재에 관심을 갖고, 구체적인 생각을 선호한다.

③ 판단 기능: 사고(Thinking) vs. 감정(Feeling)

의사결정 방식에 대한 선호도를 나타낸다. 사고적인 사람은 논리와 합리성을 중요시하고, objectives적인 판단을 내리려고 하는 반면, 감정적인 사람은 개인적인 가치관과 공감을 중요시하고, subjective적인 판단을 내리려고 한다.

④ 생활 양식: 판단(Judging) vs. 인식(Perceiving)

생활 방식에 대한 선호도를 나타낸다. 판단적인 사람은 계획성과 질서를 중요시하고, 정리된 환경을 선호하는 반면, 인식적인 사람은 유연성과 개방성을 중요시하고, 즉흥적인 환경을 선호한다.

(2) MBTI의 장점

① 성격 이해: 자신과 타인의 강점, 약점, 동기 부여를 이해하는데 도움

② 관계 개선: 나와 다른 유형을 가진 사람들과 더 효과적으로 의사소통하고 협력하는 데 도움

③ **직업 개발:** 선호도에 따른 적합한 경력의 방향과 길을 찾고 직장 만족도를 높이는 데 도움

④ **개인 성장:** 개인 발전을 위한 목표를 설정하고 성취하는 데 도움

(3) MBTI의 한계

① **정확성:** MBTI는 완벽한 성격 테스트가 아니며 여러 가지 요인에 따라 결과가 달라질 수 있다.

② **단순화:** 인간 성격의 복잡성을 16개의 유형으로 구분한다는 한계로 성격의 다양성과 복잡성을 완전히 포착하는 것이 불가능하다.

③ **잘못 사용:** 정확하게 이해하지 못 한 상태에서, MBTI를 부정적인 방식으로 사용하거나 사람들을 일반화의 단어로 표현하는 데 사용해서는 안 된다.

2) 에니어그램

에니어그램은 사람을 9가지 성격으로 분류하는 성격유형 지표이며, 인간이해의 도구이다. 희랍어에서 9를 뜻하는 ennear(에니어)와 점, 선, 도형을 뜻하는

grammos(그램)의 합성어로, 원래 '9개의 점이 있는 도형'이라는 것을 의미한다. 에니어그램의 상징은 원과 삼각형 그리고 좌우 대칭적인 선들인 핵사드(Hexad. '6'을 뜻하며 주로 수비학에서 쓰임)로 이루어져 있다.

에니어그램은 고대 중동에서 시작된 것으로 추정되며, 수피즘(Sufism), 유대교(카발라), 기독교 등 다양한 종교와 전통에서 사용되어 왔다. 현대에 와서는 심리학, 교육, 비즈니스 등 다양한 분야에서 활용되고 있다.

(1) 에니어그램의 기본 개념

에니어그램은 사람의 성격을 다음과 같은 9가지 유형으로 하며, 9가지 유형은 어느 쪽이 더 좋다, 나쁘다고 할 것 없이 서로 '동등한 입장'이다. 그래서 언어보다 더 중의적인 느낌을 가진 숫자를 사용한다.

유형	특징
1번: 완벽주의자	완벽을 추구하고 도덕적 가치를 중시하는 사람
2번: 조력자	타인을 돕고 인정받고 싶어하는 사람
3번: 성취자	성공과 인정을 추구하는 사람
4번: 예술가	감수성이 풍부하고 독창적인 사람
5번: 관찰자	독립적이고 분석적인 사람
6번: 충성스러운 사람	안정과 안전을 추구하는 사람
7번: 모험가	즐거움과 자극을 추구하는 사람
8번: 지도자	강하고 힘 있는 사람
9번: 지도자	평화롭고 갈등을 줄이는 사람

가. 가슴 중심: 2, 3, 4번

가슴 중심은 감정과 관계를 중심으로 움직이며 수치심이 행동에 가장 주요한 동기가 된다. 상징 기호는 느낌표이며, 2, 3, 4번 유형이 해당된다. 자신의 이미지가 중요하다.

① **2번**: 2번 유형의 사람들은 주 센터로 감정을, 보조 센터로 본능을 사용한다. 자신을 존중하는 마음을 얻기 위해서 다른 사람들에게 친절과 도움, 선의를 먼저 베푸는 경향이 있다.

그럼으로써 다른 사람들로부터 긍정적인 반응을 얻고 싶어 하며, 가슴중심형은 감정의 초점은 다른 사람들에게 있다. 그 결과로 이들은 자기의 감정이 자신에게 말하는 것을 아는 데 어려움을 겪는다. 이들은 다른 사람들에게 적대감이 생길 때 가능한 한 그것을 숨기려고 하고 다른 사람들이 자신에게 감사를 표하지 않는다는 느낌을 자주 받는다.

② **3번**: 3번 유형은 내부와 외부 모두에 에너지를 쏟는다. 3번 유형도 2번 유형처럼 다른 사람들의 긍정적인 피드백과 승인을 필요로 한다.

3번 유형의 사람들은 성취를 통해서 가치를 찾으며 이들은 어떤 사람이 가치 있는 사람이냐에 대한 나름대로의 개념을 발달시키고 그런 사람이 되고자 노력한다. 3번 유형들도 4번 유형들처럼 끊임없이 자신의 내면의 그림을 창조하고 그것을 유지하려고 하면서 내면을 향해 '스스로 말하는 것'에 엄청나게 많은 에너지를 쏟는다. 이들은 항상 진정한 자신보다 더 많은 것을 사람들에게 드러내려고 노력한다.

③ **4번**: 4번 유형은 느낌, 환상, 과거의 이야기에 바탕을 둔 자아 이미지를 유지하기 위해 이들의 에너지와 주의는 내면을 향해 있다. 이들의 정체성은 '남들과 다름'에 중점을 둔다. 그 결과 이들은 다른 사람들에게서 동떨어져 있다는 느낌을 받는다. 4번 유형의 사람들은 실제로 일어나는 느낌을 허용하기 보다는 감정을 만들어 내고 그것을 유지하려는 경향이 있다. 건강하지 않은 4번 유형의 사람들은 스스로를 희생자로 느끼거나 과거에 갇혀 있다. 이들은 자신에게 온갖 비극이 일어났기 때문에 자신이 다른 모습은 가질 수 없다고

믿는다. 이것 또한 사람들의 주의와 동정심, 어느 정도의 인정을 이끌어 내기 위한 방식이다.

나. 머리 중심: 5, 6, 7번

머리로 이해하려는 지식적인 욕구로 움직인다. 상징 기호는 물음표이며, 이들은 알지 못하는 미래에 대한 공포가 주요한 행동 동기가 된다. 5, 6, 7번 유형이 해당된다.

① **5번**: 5번 유형은 삶으로부터 움츠러들고 자신의 개인적인 필요를 줄임으로써 반응한다. 자신들이 너무 약하고 충분치 못한 사람이기 때문에 세상에서 안전하게 생존하기 어렵다고 생각한다. 유일하게 안전한 장소는 자신의 마음속이다. 그래서 이들은 세상에 뛰어들 준비가 되었다고 느낄 때까지 생존하게끔 도와 준다고 믿는 것은 무엇이든 비축한다. 분석력과 통찰력이 있고 지식을 탐구하는 것을 좋아하는 유형이다. 객관적이고 관찰력이 뛰어나다. 말수가 적고 조심스러운 행동을 보이기도 한다. 혼자 있는 것을 즐기며, 혼자만의 시간과 공간을 중요시한다. 그래서 사생활에 대해 경계심이 강하다. 이들의 근본적인 두려움은 자신이 무능한 사람이라는 것에 대한 두려움이다. 유능한 사람이 되기 위해 지식과 정보수집에 집착한다. 이들은 '사색가', 혹은 '관찰자'라는 별칭을 가지고 있다.

② **6번**: 6번 유형의 주위와의 에너지는 내면과 외면 모두를 향하고 있으면서도 깊은 내면에서는 불안을 느끼는 유형이다. 그래서 7번 유형과 마찬가지로 외부의 활동에 적극적이며 미래에 대한 기대를 가지고 있다. 그러면서도 자신들이 실수를 해서 벌을 받거나 다른 사람들의 요구 때문에 지쳐 버리게 될까 봐 두려워한다. 그래서 폐쇄적이고 겁이 많으며, 짜여진 지침과 틀에

잘 적응하는 유형이다. 책임감이 강하고 안전을 추구하며, 전통이나 단체, 혹은 친구에게 특히 충실하다. 협동심이 강하고 주위로부터 믿음직하다는 이야기를 많이 듣는다. 이들의 근본적인 두려움은 다른 사람의 도움을 받지 못하는 것에 대한 두려움이다. 따라서 자신을 옳은 방향으로 가이드해 줄 사람에게는 남다른 충성심을 보인다. 결국 불안 때문에 이들의 주위는 마치 탁구공처럼 안팎으로 튀어나왔다 들어갔다 하는 것이다.

③ **7번:** 7번 유형은 세상 속으로 뛰어드는 데 아무 두려움도 없는 것처럼 보인다. 7번 유형의 사람들은 아주 외향적이고 모험을 즐기기 때문에 처음에는 자신들이 두려움이 많은 사고 중심에 속한다는 사실이 이상하게 느껴질 것이다. 그러나 겉보기와는 달리 7번 유형들은 두려움으로 가득 차 있다. 그 두려움은 바깥 세상에 대한 것이 아니다. 이들은 자신의 내면 세계에 대한 두려움을 갖고 있으며 감정적인 고통, 슬픔, 특히 불안감에 사로잡히는 것을 두려워한다. 그래서 이들은 활동과 활동에 대한 기대속으로 도망친다. 7번 유형들은 내재된 불안과 상처가 표면으로 떠오르지 않도록 무의식적으로 마음을 어딘가에 묶어 두려고 한다.

다. 장 중심: 8, 9, 1번

의지를 중심으로 움직이며 분노가 행동에 가장 주요한 동기가 된다. 상징 기호는 마침표이며, 8, 9, 1번 유형이 해당된다. 이쪽은 규칙이나 시스템 등을 중요시한다.

① **8번:** 8번 유형에서 자아 경계는 주로 외부에 초점이 맞추어져 있다. 주위를 기울이는 초점 또한 외부이다. 그 결과 8번 유형의 힘은 세상을 향해 확장되고 흘러 나간다. 8번 유형의 사람들은 끊임없이 에너지를 밖으로 내보내기 때문에 어떤 것도 그들을 해칠 수 없다.

② 9번: 본능 중심의 가운데에 있는 9번 유형은 자신의 자아 경계를 내면과 외부 모두의 영역에서 유지하려고 노력한다. 9번 유형의 사람들은 내면의 영역에서 자신의 평정을 깨는 감정과 상태를 원하지 않는다. 이들은 1번 유형의 사람들처럼 강한 본능적인 충동과 감정을 억압하면서 자신의 부분들에 대해서 벽을 쌓는다. 동시에 상처받지 않기 위해서 8번 유형의 사람들처럼 외부 세계를 향한 강한 자아 경계를 유지한다. 내면과 외부의 현실에 저항하는 데 엄청난 에너지를 쓰기 때문에 피로를 자주 느낀다.

③ 1번: 1번 유형은 외부 세계에 대항하여 경계를 갖고 있다. 그러나 이들은 자신의 내면 경계에 훨씬 더 많이 투자한다. 우리 모두는 스스로를 불안하게 만들고 그 불안으로부터 스스로를 방어하기를 원하는, 스스로 신뢰하지 못하는 부분들이 있다. 1번 유형의 사람들은 무의식적 충동을 억제하기 위해서 엄청난 에너지를 쓴다. 그들은 자신의 내면에 경계를 유지하고 자신의 본성을 억압하기 위해서 엄청난 육체적 긴장을 만들어 낸다.

(2) 에니어그램의 날개

에니어그램의 아홉 가지 유형은 본래 유형 외에도 양쪽 옆에 위치한 유형들을 보조적인 삶의 전략(성격)으로 취하며 변형되는데 이것을 '날개'라고 한다.

날개는 보통 성장하면서 한쪽이 집중적으로 발달하여 굳어지게 된다. 같은 유형이라도 양쪽 날개 중 어느 한쪽이 얼마나 발달한지에 따라서 성격이 상당히 달라진다. 그 때문에 에니어그램으로 심리상담을 할 경우 본 유형과 같이 날개 유형도 같이 가려서 다룬다.

에니어그램의 본 유형과 같이 표기할 때 아래와 같이 '유형번호'w'날개번호'로 표기한다.

	1번	2번	3번	4번	5번	6번	7번	8번	9번
날개	1w9	2w1	3w2	4w3	5w4	6w5	7w6	8w7	9w8
	1w2	2w3	3w4	4w5	5w6	6w7	7w8	8w9	9w1

출처 네이버 나무위키[2)]

(3) FIRO-B

FIRO-B[3)](Fundamental Interpersonal Relationship Orientation-Behavior)는 윌리엄 슈츠(William Schutz, 1925-2002:심리학자)가 1952년 미해군에 의해 높은 수행을 하는 소그룹 구성원에 대한 연구를 의뢰받으면서 시작되었다. 그 후 1953년 터프츠 대학교(Tufts College)에서 연구가 계속 진행되었고, 하버드 대학의 Social Relations Department로 이어졌다.

슈츠는 음식과 주거지 등과 같은 신체적 욕구가 인간의 행동을 자극시키듯이 "사람은 사람을 필요로 한다"(People need People)는 전제로 대인관계욕구도 개인의 행동을 자극한다고 가정하여, 윌리엄 슈츠는 '대인관계'라는 용어를 면대면 상황만이 아닌 사람들 사이에서 일어나는 모든 상호작용으로 지칭하고 사용하였다.

2) 에니어그램의 내용은 네이버 나무위키의 내용을 기술하였음

3) FIRO B: A Three-Dimensional Theory of Interpersonal Behavior (1958): FIRO-B 검사의 기반이 되는 대인관계 이론 소개

대인관계 상황은 두 사람 이상의 사람이 어떠한 목적이나 결정을 위해 서로 함께 하는 것을 의미한다. 대인관계 상황을 살펴보면, 한 개인이 혼자 있을 때와 다른 사람들과 함께 있을 때 다르게 행동하게 된다는 것을 볼수 있었던 점을 착안했다.

윌리엄 슈츠는 '욕구'라는 용어를 생물학적 욕구와 비슷하게 사용하였다. 욕구는 개인의 신체적 혹은 심리적 상태로, 바라는 결과를 얻지 못하는 상황이나 상태를 의미한다. 욕구가 충족되지 않는 경우에는 불쾌해지거나 불안해진다. 즉, 대인관계에서의 기대하는 만족 수준과 현재 개인이 처한 상태 사이의 불일치에서 불안을 느끼게 된다는 것이다. 불안을 위해 사람들은 욕구를 충족시키기 위한 행동을 하게 되지만, 개인마다 만족과 불만족을 느끼는 상황이 매우 다르기 때문에 각각의 개인이 만족하는 대인관계 욕구의 수준은 다르다.

가. FIRO-B 이론의 3가지 욕구

FIRO-B는 대인관계에서 주로 세 가지 욕구를 갖고 있다고 말한다.

- **소속욕구** (Inclusion): 다른 사람들과 친밀함과 소속감을 느끼고 싶은 욕구
  (소속/ 참가/ 관계/ 관여/ 주목/ 관심/ 약속/ 소속감/ 인지도/ 상호작용)
- **통제욕구** (Control): 다른 사람들과 권력과 영향력을 어떻게 나누는지에 대한 욕구
  (권력/ 권위/ 책임/ 체계/ 경쟁/ 권한/ 영향력/ 리더십/ 지배성/ 의사결정)
- **정서욕구** (Affection): 다른 사람들과 감정적인 친밀함을 느끼고 싶은 욕구
  (개방/ 지지/ 배려/ 온정/ 공감/ 격려/ 감사/ 친밀감/ 정서적 유대/ 개인적 관계)

나. FIRO-B 이론의 3가지 측정

표현행동은 개인이 욕구와 관련된 행동을 직접 표출하는 것으로, 개인이 욕구와

관련된 행동을 주로 하는지를 나타낸다. 이것은 타인이 관찰할 수 있는 개인의 행동 특징이다.

기대행동은 자신의 욕구와 관련된 행동을 다른 사람들이 먼저 해주기를 바라는 정도를 나타낸다.

- **표현** (Expressed): 내가 얼마나 적극적으로 나의 욕구를 표현하는지 측정
- **기대** (Wanted): 다른 사람들이 나의 욕구를 얼마나 충족시켜 주기를 원하는지 측정
- **행동**(Behavior): 나의 욕구를 충족시키기 위해 어떤 행동을 하는지 측정

다. FIRO-B 이론의 핵심 원리

FIRO 이론의 4가지 핵심 원리에 대해 대인관계욕구이론, 관계의 연속성이론, 조화성이론, 집단발달이론으로 설명하고 있다. 슈츠는 캘리포니아 에살렌 연구소에서 활동하면서 인간의 접촉과 유대관계에 대한 연구를 진행하고 핵심적인 4가지 원리를 근거로 FIRO 이론을 개발하였고, 이를 바탕으로 FIRO-B 검사를 개발하였다.

① 대인관계욕구이론

모든 사람은 소속, 통제, 정서의 세 가지 대인관계욕구를 가지고 있으며, 소속, 통제, 정서는 대인관계 현상을 예측하고 설명하는데 충분한 대인관계행동 영역이다.

② 관계의 연속성이론

각 개인이 표출하는 대인관계 행동은 보통 어린시절에 경험한 부모와의 대인관계 패턴과 같은 방식으로 나타난다.

③ 조화성이론

한 집단의 조화성이 다른 집단보다 크다면, 그 집단의 목표성취도 다른 집단을 능가한다.

④ 집단발달이론

두 사람 이상의 사람이 대인관계를 형성하고 발달하는 과정은 항상 소속, 통제, 정서의 순서를 거치며 종결 시에는 정서, 통제, 소속 순으로 해체된다.[4)]

4) 어세스타 검사 매뉴얼을 참고하였음

Worksheet

1. 최근 성격유형 도구를 활용 했다면 결과에 대해서 공유해 보시오.

2. 성격유형도구에 대한 긍정적인 부분과 부정적인 부분에 대해 공유하고 그 이유에 대해서 토의해 보시오.

3. 본인이 생각하는 본인의 유형을 알고 장점과 단잠을 공유해 보시오.

PART 4

AI시대 소통 커뮤니케이션

11
Chapter

AI시대 커뮤니케이션 윤리

학습목표

1. AI시대 커뮤니케이션의 윤리성과 도덕성을 이해하고 적용할 수 있다.
2. AI시대 커뮤니케이션의 윤리성 원칙을 이해하고 설명할 수 있다.

1. AI시대 커뮤니케이션의 윤리성과 도덕성

윤리성과 도덕성은 모두 인간의 행동과 관련된 개념이지만, 그 의미는 다르다. 윤리성은 개인의 도덕적 수준을 나타내는 말이며, 도덕성은 윤리적 규범을 따르는 행동이다.

윤리성은 개인의 내면에서 우러나오는 도덕적 의식과 가치관을 바탕으로 형성된다. 윤리적인 사람은 타인을 존중하고 배려하며, 공정하고 정직하게 행동한다. 윤리성은 개인의 삶뿐만 아니라 사회의 발전에도 중요한 역할을 한다. 윤리적인 사람들이 많아지면 사회는 더욱 평화롭고 안정적으로 발전할 수 있다.

도덕성은 윤리적 규범을 따르는 행동을 말한다. 도덕적 행동은 사회의 구성원들이 공통으로 가지는 가치와 규범에 따라 이루어지며, 도덕적 행동은 윤리적인 행동의 한 형태이지만, 윤리적인 행동이 항상 도덕적인 행동이라고 할 수는 없다. 예를 들어, 거짓말을 하는 것은 도덕적으로 잘못된 행동이지만, 때로는 거짓말을 하는 것이 더 윤리적인 행동이 될 수 있다. 윤리성과 도덕성을 모두 갖춘 사람이라면, 사회에 긍정적인 영향을 미칠 수 있다.

커뮤니케이션에는 사람들이 지켜야 할 윤리가 존재하며 이것이 지켜질 때 비로소 참된 의미의 커뮤니케이션이 이루어진 것이며 더불어 신뢰받을 수 있는 사회가 될 것이다. 하지만 현 사회에서는 다양한 문제가 발생하고 있다. 쉽게 정보를 교류할 수 있기 때문에 자신의 목적을 위해 자신의 진심을 잘 드러내지 않는 경우가 있으며, 익명성을 기반으로 하여 자신의 불만을 얘기하기도 하고, 자신을 겉으로만 잘 보이기 위해 거짓 정보를 퍼뜨리는 등 안 좋은 방향으로 흘러가기도 한다. 특히나 현재 사람들이 많이 이용하고 있는 SNS의 경우 인터넷을 기반으로 한 커뮤니케이션보다 더 쉽게 사람들과 교류할 수 있기 때문에 감정적으로 쉽게 흔들리거나 동조될 수 있다. 그렇기 때문에 윤리성과 도덕성을 갖출 수 있도록 좀 더 신중한 자세가 필요하다.

지금부터 우리 사회에서 흔히 일어나는 커뮤니케이션 윤리 문제에 대해 알아보고자 한다.

1) 개인정보 침해

(1) 개인정보 유출

현재 사이버 세상에서 다양한 커뮤니케이션이 이루어지고 있다. 이러한 커뮤니케이션의 경우 자신의 정보를 공개적으로 노출되는 경우가 많기 때문에 개인정보 유출 문제가 많이 일어나고 있다. 예를 들면, 우리가 흔히 접할 수 있는 SNS에는 자신의 개인 신상을 기반으로 하기 때문에 사람들이 마음먹고 찾아보면 그 사람의 이름, 나이, 학교, 직업 등 사적인 정보를 쉽게 접할 수 있다. 그래서 이러한 문제가 일어나지 않도록 예방하는 것이 중요하다.

최근 기사에서는 개인정보 유출 문제를 자주 다루곤 한다. 예를 들면, SNS상에 올라온 사람의 사진을 확대해 눈의 홍채를 캡처하여 휴대폰 잠금을 여는 경우가 있었다. 이뿐만 아니라 손가락 브이 사진을 확대하여 지문을 캡처할 수도 있다는 것을 알 수 있었다.

이는 발달하는 디지털 기술에 점점 더 진화하는 해킹 기술로 인하여 이루어진 것이며 앞으로 기술이 진화할수록 해킹 기술 또한 진화하여 개인 정보 유출 문제가 심각해질 수 있다. 그래서 사람들은 이를 유의하여 정보를 공유하는 것이 중요하며 자신의 개인정보를 공유한다 하더라도 유출 가능성이 높은 정보는 제한하는 것이 좋다.

(2) 초상권 침해

초상권이란 동의 없이 촬영되거나 배포당하지 않을 권리를 말한다. 최근 커뮤니케이션 방식이 SNS을 통한 커뮤니케이션이 활성화되어 있어 이에 따라 사진을 공유하는 과정에서 초상권 침해 문제가 발생하고 있다.

실제로, 2018년에 방송인 A씨가 자신의 SNS에 사진을 올렸는데, 그 사진에 카페에 앉아 있던 한 여성분의 얼굴이 있었다. 이때 해당 얼굴을 모자이크 처리하지 않고 그대로 올려 초상권 침해 논란이 있었다. 물론 당사자가 피해를 줄 의도가 없었을지라도 초상권 문제는 일어나면 안 되는 것으로 신중히 사진을 올려야 할 것이다.

이뿐만 아니라 SNS는 사진을 중심으로 커뮤니케이션이 이루어지는 경우가 다반사이기 때문에 다른 사람의 얼굴이 등장하는 경우를 많이 볼 수 있다. 사람들은 이것이 초상권 침해 문제인지 모르는 경우가 있으며, 안다고 하더라도 주의 깊게 생각하지 않는 경우가 있다. 그래서 우리는 이와 같은 문제가 다시는 일어나지 않도록 주의를 해야 할 필요가 있다.

2) 명예훼손

(1) 일반적 명예훼손

사이버상에서는 익명성을 기반으로 한 커뮤니케이션이 많이 이루어지고 있다. 그래서 사람들은 이를 기반으로 해 자신의 불만을 표출하기도 한다. 또한 확실하지 않은 정보를 가지고 SNS를 이용해 정보를 공유함으로써 명예훼손을 하기도 하고 개인의 사적인 이야기를 풀어내어 문제를 일으키기도 한다.

인터넷상에서 개인 정보를 쉽게 찾을 수 있기 때문에 이를 통해 명예훼손을 하는 경우가 있다. 예를 들어, 방송사에서 어떤 사건을 알렸을 때 이에 유력한 피의자로 지목된 사람을 가명과 모자이크를 통해 취재했지만, 방송이 나간 직후 사람들은 사이트를 검색하여 그 사람이 살고 있는 장소와 실제 이름을 찾아내어 인터넷상에서 오르내리게 하였다. 사람들의 알권리도 중요하지만 아직 확실히 밝혀지지 않은 사건에서 어떤 사람을 지목하여 오르내리도록 한 것은 명예훼손이 될 수 있다.

사람들은 알고자 하는 권리보다 개인을 배려한 행동을 할 필요성이 있다. 사람들은 누구나 자신 또한 상황이 바뀌면, 또 다른 상대방이 될 수 있다는 것을 간과해서는 안되는 것이 인지상정이다. 모든 사람들은 시간과 장소 상황에 따라 좀 더 신중한 태도로 정보에 접근해야 할 것이다.

(2) 악성 댓글

자기의 의사표현이 자유롭고 확실한 세상이 현대사회의 추세인만큼, 사람들은 흔히 자신의 의견을 표현하기 위해 댓글 기능을 많이 활용한다. 댓글은 인터넷을 기반으로 한 커뮤니케이션부터 SNS, 미디어 커뮤니케이션 등 거의 모든 커뮤니케이션에서 활용될 수 있는 수단이다. 그래서 사람들은 흔히 자신의 아이디로 댓글을 쓰지만 이러한 아이디는 개인의 신원을 쉽게 파악할 수 없고 아이디 없이 댓글을 쓸 수 있는 경우 익명성을 기반으로 자신의 불만을 표출하기도 한다.

악성댓글이란 인터넷에서 특정인을 비방하거나 욕설을 하는 댓글을 말한다. 간혹 쉽게 의미 없이 표현했던 다음과 같은 것들이 악성댓글에 속한다.

- 비방: 피해자를 욕하고, 비난하는 댓글
- 욕설: 피해자를 모욕하고, 위협하는 댓글
- 인신공격: 피해자의 외모, 신체, 가족 등을 비하하는 댓글

- 허위사실 유포: 피해자에 대한 허위사실을 유포하는 댓글
- 혐오 표현: 특정 집단이나 인종을 차별하는 댓글

이런 악성댓글은 인터넷의 발전과 함께 빠르게 확산된다. 특히 소셜 미디어의 등장으로 누구나 쉽게 악성댓글을 달 수 있게 되면서, 악성댓글의 피해가 더욱 심각해지고 있다. .악성댓글은 상대방에게 심각한 정신적 피해를 줄 수 있으며, 심지어 자살로 이어지는 경우도 있다는 것을 늘 인지하고 있어야 한다.

인터넷을 이용하는 모든 사람들은 악성댓글을 발견하면 신고하고 악성댓글을 달지 않도록 노력하는 자세가 필요하다. 사회적으로는 악성댓글에 대한 인식을 개선하기 위한 홍보, 악성댓글 근절과 심각성에 대한 인공지능을 활용한 알고리즘으로 욕설 차단 등 제도와 법안 마련을 해야 할 것이다.

악성댓글은 개인의 인권을 침해하는 범죄임을 심각하게 생각하며 각자 스스로가 악성댓글을 근절하기 위한 노력에 동참해야 하겠다.

과거 모 연예인의 댓글로 인한 사망사건 이후 댓글 실명제를 기반으로 무분별하게 악성댓글이 달리지 않도록 하는 법을 촉구하는 시도가 있었고, 인터넷 실명제는 2012년에 헌법재판소에서 위헌 판결이 났기 때문에 이를 그대로 실행하는 것은 어렵지만 보완과 보완을 거듭하여 개인의 자유와 침해 문제가 해결될 수 있는 법이 마련되거나 개선 중이라고 생각된다.

악성댓글을 달기 전에 한번 더 생각해서 이게 정말 옳은 행동인지 생각해 보고, 악성댓글은 정당한 비판이 아닌 단순한 개인적 감정 표출일 뿐이라는 것을 잊지 않아야 하겠다.

3) 집단 공유 부작용

집단 공유 부작용 문제는 사이버 세상에서 쉽게 일어날 수 있는 문제이다. 인터넷상뿐만 아니라 개인 모바일상에서도 정보를 접하고 교류하며 모임을 만들 수 있기 때문에 이러한 문제를 해결하는 것이 중요하다. 집단 내에서 좋은 정보를 교류하는 순기능이 있지만 안 좋은 정보를 교류하기 위해 만들어진 집단은 만들어져서는 안 된다.

예를 들면, 우리가 흔히 생각할 수 있는 것이 자살 사이트이다. 자살 사이트 내에서 죽는 방법과 죽기 위한 약이 비밀스럽게 거래되고 있다. 이를 정부에서는 막고는 있지만 은밀하게 다양한 경로를 통해 공유되기 때문에 제대로 막기란 쉽지 않다.

그리고 사람들이 무료로 방송 프로그램을 보기 위해 불법 동영상 사이트에서 정보를 공유하기도 한다. 쉽게 접근할 수 있고 많은 사람들이 이용하기 때문에 범죄라는 사실을 인식하지 못하거나 인식하면서도 계속 이용한다. 이를 막기 위해 경찰에서는 불법 동영상 공유 사이트를 차단하거나 관련된 자를 처벌하는 등 다양한 조치를 취하고 있다.

그러나 법적인 처벌보다 가장 중요한 것은 사람들의 인식 및 태도 변화이다. 법적인 처벌을 강하게 하는 것도 좋지만 이를 강하게 할 경우 이를 교묘하게 피하고 싶은 사람의 심리도 커져 그리 좋은 방법이 아니다. 사건이 일어난 후에 처벌하는 것보다 사건이 일어나기 전에 예방하는 것이 바람직하기 때문에 사람들이 정당한 방식으로 정보를 얻고 안 좋은 정보를 교류하지 않도록 노력하는 것이 필요하다.

4) 디지털 성폭력

디지털 성폭력은 디지털 기기 및 정보통신기술을 매개로 온·오프라인상에서 발생하는 젠더기반 폭력을 폭넓게 지칭하며, 그중에서도 불법촬영, 비동의유포, 유포협박, 불법합성 등이 현행법상 성범죄로 인정되고 있다.

(1) 디지털 성폭력 유형

① 불법촬영

상대방의 동의 없이 신체를 불법적으로 촬영하는 행위이다. 카메라나 스마트폰을 이용하여 몰래 촬영하거나, 합의하에 촬영한 영상을 동의 없이 유포하는 것도 불법 촬영에 해당한다.

② 비동의유포

상대방의 동의 없이 성적 촬영물을 유포하는 행위이다. 불법 촬영물을 유포하거나, 동의하에 촬영한 영상을 동의 없이 유포하는 것도 비동의유포에 해당한다.

③ 유포협박

상대방에게 성적 촬영물을 유포하겠다고 협박하는 행위이다. 성적 촬영물을 유포하겠다고 협박하여 금품을 요구하거나, 성관계를 강요하는 것도 유포협박에 해당한다.

④ 불법합성

합성 기술을 이용하여 상대방의 얼굴이나 신체를 성적으로 왜곡하거나 조작하는 행위이다.

합성된 영상이나 사진을 유포하거나, 상대방에게 유포하겠다고 협박하는 것도 불법합성에 해당한다.

디지털 성폭력은 피해자에게 심각한 정신적 · 사회적 피해를 입힐 수 있다. 피해자는 수치심, 불안, 우울증, 공황장애 등의 정신적 고통을 겪을 수 있으며, 사회생활에 어려움을 겪을 수도 있다. 또한, 디지털 성폭력은 피해자의 명예를 훼손하고, 사회적 관계를 단절시킬 수도 있다는 것을 각인하고 절대로 해서는 안 된다.

(2) 디지털 성폭력을 예방하기 위한 노력

- 성교육을 통해 디지털 성폭력의 개념과 피해를 이해하고, 예방에 대한 경각심을 높인다.
- 성적 촬영물을 촬영하거나 유포하는 행위의 심각성을 인식하고, 하지 않도록 한다.
- 인터넷을 이용할 때 개인정보를 보호하고, 신뢰할 수 없는 사람과는 사적인 대화를 하지 않는다.
- 디지털 성폭력 피해자가 발생하면, 피해자를 보호하고, 가해자를 처벌하기 위한 조치를 취한다.

(3) 디지털 성폭력 조치

- 경찰에 신고하여 가해자를 처벌한다.
- 디지털 성폭력 피해자 지원기관에 상담을 받고, 피해 회복을 위한 지원을 받는다.
- SNS 등을 통해 디지털 성폭력의 심각성을 알리고, 예방을 위한 노력을 기울인다.
- 디지털 성폭력은 피해자와 사회 모두에게 피해를 주는 심각한 범죄라는 점을 다같이 인식하고, 디지털 성폭력을 예방하고, 피해를 입은 피해자를 보호하기 위한 모두의 노력이 필요하다.

Worksheet

1. 악성댓글을 없애기 위한 방법과 대처하기 위한 방법에 대해서 서로 공유해 보시오.

2. 인터넷상의 피해를 없애기 위한 10개의 실천사항을 만들고 공유하시오.

2. AI시대의 윤리 원칙

우리는 현재 4차 산업혁명의 시대에 살고 있다. 우리의 생활에 밀접하게 인공지능 기기들이 존재하여 우리에게 편리함을 주고 있음은 사실이다. 변화하는 시대에 맞춰 인공지능이 결합된 기기들과 소통하는 기술의 발달만큼 이를 악이용하는 사람이 생겨나고 있고 그들이 우리에게 피해 주는 경우를 종종 직·간접적으로 경험해 본 적이 있을 것이다. 인공지능 초기 단계라 명확한 기준이 없는 경우가 있고, 기준이 있더라도 모호해서 관리하고 제어하는 것이 어려운 경우가 있었다. 점점 더 많은 인공지능을 결합한 기기들이 나타나고 있고 이를 대비하기 위해 사람들은 함께 고민하기 시작했고 우리가 인공지능 시대에 살고 있는 만큼 그에 맞는 윤리 또한 정립해야 하며 도덕성을 갖추어야 할 필요성을 느끼고 있는 시점이다.

그래서 방송통신위원회는 2019년 11월 11일에 인공지능(AI) 윤리와 관련하여 '이용자 중심의 지능정보사회를 실현하기 위한 원칙'을 발표하였다. 이는 현재 AI가 우리의 일상에 사용되며 이와 관련하여 각종 문제를 막기 위한 예방책으로 마련한 것이며, AI 스피커나 인공지능으로 면접이 이루어지는 등 기계가 인간을 대체하는 경우가 많아지고 있고 점점 더 우리 생활에 밀접하게 이루어질 것이므로, 분야별 전문가와 교수들이 참여하여 삼성이나 구글 등에 자문을 구해 2018년부터 연구를 진행해 최근 원칙을 세웠다.

1) AI 윤리 7가지의 주요 원칙[1)]

(1) 사람 중심의 서비스 제공 원칙

지능정보서비스의 제공과 이용은 사람을 중심으로 그 기본적 자유와 권리를 보장하고 인간의 존엄성을 보호할 수 있는 방향으로 이루어져야 한다.

지능정보사회의 구성원들은 각자의 자율성을 최대한 보장받으면서, 안전하고, 투명하며, 모든 사람이 고루 혜택을 누릴 수 있는 서비스가 이루어지는 환경을 조성하도록 노력한다.

(2) 투명성과 설명가능성 원칙

지능정보서비스에 포함된 서비스 체계와 작동방식이 이용자에게 중대한 영향을 끼칠 경우, 기업의 정당한 이익을 침해하지 않는 범위에서 이용자가 이해할 수 있도록 관련 정보를 작성한다.

지능정보서비스가 인간의 신체, 자유, 재산 및 기타 기본권에 피해를 유발하였을 때, 기술적으로 가능한 범위에서 이용자에게 예측, 추천 및 결정의 기초로 사용

1) BLOTER 뉴스, 2019, "방통위, AI 윤리 원칙 발표..."

한 시스템상의 주요 요인을 설명할 수 있어야 한다.

(3) 책임성 원칙

지능정보사회의 구성원들은 지능정보서비스의 올바른 기능과 사람 중심 가치의 보장을 위한 공동의 책임을 인식하고, 관련한 법령과 계약을 준수한다.

서비스의 제공과 이용으로 인해 발생한 타인의 권익 침해에 대한 법적 · 사회적 · 윤리적 책임을 다할 수 있도록, 지능정보사회 구성원들은 지속적인 의견 교환에 참여한다.

(4) 안전성 원칙

안전하고 신뢰 가능한 지능정보서비스의 개발과 이용을 위해 지능정보사회 참여자 모두가 노력한다.

지능정보서비스가 초래할 수 있는 피해에 대한 복구 방안을 사전에 확보하기 위한 노력으로서, 제공자와 이용자는 상호 협의하에 그에 대한 자율적인 대비 체계를 수립하고 운영한다.

(5) 차별 금지 원칙

지능정보사회의 구성원들은 지능정보서비스가 사회적 · 경제적 불공평이나 격차를 초래할 수 있다는 점을 인식하고, 기술 사용에 있어 사회적 다양성을 고려한다.

알고리즘 설계, 데이터의 수집과 입력 및 알고리즘 실행 등 개발과 사용의 모든 단계에서 차별적 요소를 최소화할 수 있도록 노력한다.

(6) 참여 원칙

지능정보사회의 구성원들은 공적인 이용자 정책 과정에 차별 없이 참여할 수 있다.

공적 주체는 지능정보서비스의 이용과 관련하여 제공자와 이용자가 실질적으로 의견을 제시할 수 있는 정기적인 통로를 조성하여야 한다.

(7) 프라이버시와 데이터 거버넌스

지능정보사회 구성원들은 서비스의 개발, 공급 및 이용의 전 과정에서 개인정보 및 프라이버시를 보호하며, 특히 지능정보서비스의 제공과 이용 과정에서 데이터 사용이 프라이버시에 미치는 부정적인 영향을 최소화하도록 노력한다.

지능정보사회 구성원들은 데이터의 활용을 통한 기술적 이익의 향유와 프라이버시 보호 사이의 균형을 위해, 지속적인 의견 교환에 참여한다.

현재 세계적으로 AI 기술이 나타나면서 생기는 부작용을 예방하기 위해 윤리 방침을 세우고 있다. 이번 방송통신위원회에서 발표한 원칙 또한 이러한 추세에 따른 것으로 사람들이 믿고 신뢰하며 AI 기술을 활용하기 위함이다. 제일 중요한 것은 AI는 인간을 위해 만든 것이기 때문에 인간을 중심으로 이루어져야 하며 인간 발전에 기여해야 할 것이다.

구글은 2019년에 AI 기술을 악용하는 사람들을 막기 위한 윤리 방침을 내놓았고, 카카오는 2018년에 알고리즘을 주로 활용하는 AI의 특성을 중심으로 '알고리즘 윤리 헌장'을 발표하기도 하였다. 이처럼 전 세계적으로 윤리 방침을 마련하고 있는 만큼 방송통신위원회가 7가지의 원칙을 세운 것을 시작으로 점점 더 보완되고 공감을 형성할 수 있는 윤리 원칙이 마련될 것이다.

AI가 우리 사회를 편하게 하는 것은 맞지만 우리 자신을 침해하도록 두어서는 안 된다. 그래서 AI를 이용하는 사람 또한 자신이 침해당하지 않도록 노력하는 것이 필요하며 혹시 침해당했더라도 재발하지 않도록 대비하는 것이 중요하다.

대비를 하려면 알아야 한다. 정보가 쏟아지고 있는 세상에서 이와 관련한 정보를 찾는 것은 어렵지 않기 때문에 관심을 가지고 찾아보자.

뿐만 아니라 우리는 AI 기술을 이용하는 당사자인 만큼 이에 관심을 가지며 스스로가 기술을 악이용하지 않도록 노력해야 하며, 이와 같은 노력이 더해질 때 발전하고 신뢰받는 사회가 될 것이다.

12 Chapter

AI시대 커뮤니케이션 플랫폼

학습목표

1. 인터넷 플랫폼의 개념을 이해하고 활용할 수 있다
2. SNS 커뮤니케이션의 활용방안과 전략을 이해하고 활용할 수 있다.
3. 인공지능기반 커뮤니케이션 플랫폼을 이해하고 활용할 수 있다.

1. 인터넷 기반 플랫폼

인터넷의 발달은 인류의 역사에서 가장 큰 변화 중 하나라고 할 수 있으며, 인터넷의 우리 사회의 모든 분야에 큰 변화를 가져왔다. 인터넷의 발달로 인해 정보가 전 세계적으로 공유되고, 누구나 쉽게 정보를 접할 수 있게 되었으며, 이는 교육, 문화, 정치, 경제 등 다양한 분야에 큰 영향을 미치게 되었다.

인간관계와 발달에서 가장 중요한 소통의 방식은 인터넷의 발달로 인해 큰 변화를 가져오는데, 소셜 미디어의 등장으로 사람들은 서로 쉽게 연결되고, 사람들이 참여할 수 있는 미디어가 다양화되고 쉽게 자신의 의견을 표출할 수 있고, 다양한 의견을 공유할 수 있게 된다. 자신의 의견을 얘기하며 능동적이고 적극적인 반응을 보여 왔다. 이것은 사회의 민주화와 다양성 증진에 기여했다고 해도 과언이 아니다.

이처럼 교육, 문화, 정치, 경제, 생활의 모든 면에서 우리 사회에 많은 변화를 가져왔으며, 앞으로도 인터넷의 발전은 우리 사회의 변화에 중요한 역할을 할 것으로 예상된다.

1) 인터넷 기반 플랫폼의 구분

인터넷 플랫폼은 크게 서비스 플랫폼과 인프라 플랫폼으로 구분할 수 있다.

서비스 플랫폼은 사용자에게 다양한 서비스를 제공하는 플랫폼으로, 대표적인 서비스 플랫폼으로는 페이스북, 트위터, 인스타그램, 유튜브, 넷플릭스, 아마존, 네이버, 카카오 등이 있다.

인프라 플랫폼은 서비스 플랫폼이 운영되기 위한 기반을 제공하는 플랫폼으로, 대표적인 인프라 플랫폼으로는 IBM Cloud, Google AI, Microsoft AI, 블록체인 플랫폼 등이 있다.

인터넷 사이트를 통해 사람들은 기사를 검색하고 자신이 좋아하는 내용을 검색하며 자신이 원하는 정보를 다양하게 얻는다. 또한 이러한 사이트 내에서 사람들과 정보를 공유하기도 하고 의견을 다양하게 제시하기도 한다. 이 밖에도 구글, 야후 등 다양한 사이트가 존재하여 자신에게 편리하고 익숙한 사이트를 선택하여 정보를 얻는다.

이전까지는 정보를 얻는 것에만 만족했다면, 인터넷을 기반으로 한 사회에서는 양방향적 커뮤니케이션이 활발히 이루어지는 것이 특징이라고 볼 수 있다.

2) 서비스 기반 플랫폼

서비스 기반 플랫폼은 공급자와 수요자를 연결하여 새로운 가치를 창출하는 플랫폼이다. 서비스 기반 플랫폼은 인터넷의 발전과 함께 급속도로 성장해 왔으며, 서비스 기반 플랫폼은 인터넷의 발전을 촉진하고, 인터넷의 영향력을 확대하는 데 중요한 역할을 했음은 자명하다.

(1) 서비스 기반 플랫폼의 일반적인 특징

① 공급자와 수요자를 연결한다. 공급자와 수요자를 연결하고 상호 작용을 촉진하고, 이를 통해 새로운 가치를 창출하고, 효율성을 높인다.

② 중개자 역할을 한다. 공급자와 수요자를 연결하는 중개자 역할을 통해 직접 거래하는 데 발생하는 비용과 위험을 줄일 수 있다.

③ 규모의 경제를 실현한다. 공급자와 수요자가 많아질수록 플랫폼의 가치 증가는 규모의 경제를 실현하여 경쟁력을 확보할 수 있다.

- 전자 상거래 플랫폼: 아마존, 알리바바, 네이버쇼핑, 11번가
- 모빌리티 플랫폼: 우버, 카카오T, 쏘카
- 숙박 공유 플랫폼: 에어비앤비, 여기어때, 야놀자
- 콘텐츠 플랫폼: 유튜브, 넷플릭스, 왓챠

(2) 서비스 기반 플랫폼의 장점

① 접근성

서비스 기반 플랫폼은 공급자와 수요자를 연결하여, 공급자는 더 많은 고객을 확보하고, 수요자는 더 다양한 상품과 서비스를 이용할 수 있다.

② 효율성

서비스 기반 플랫폼은 공급자와 수요자가 직접 거래하는 데 발생하는 비용과 위험을 줄여, 효율성을 높일 수 있다.

③ 가치성

서비스 기반 플랫폼은 공급자와 수요자를 연결하여, 새로운 가치를 창출할 수 있다. 예를 들어, 전자 상거래 플랫폼은 공급자와 수요자를 연결하여, 오프라인에서 불가능했던 거래를 가능하게 했다.

(3) 서비스 기반 플랫폼의 단점

서비스 기반 플랫폼은 규모의 경제를 실현하기 때문에 독과점 가능성이 있다. 또한, 서비스 기반 플랫폼은 공급자와 수요자의 정보를 수집하고 분석하기 때문에, 정보 왜곡 가능성과 개인정보 보호의 문제가 발생할 수 있다.

3) 포털 플랫폼

우리가 가장 쉽게 접하고 사용하는 '포털 플랫폼'의 포털은 영어로 'portal'인데, 문, 입구, 관문 등의 뜻을 가지고 있다. 포털 사이트는 인터넷에 접속하는 사용자들이 기본적으로 거쳐 가는 사이트를 말한다.

한국의 대표적인 포털 사이트로는 네이버, 다음, 구글 등이 있다. 네이버와 다음은 한국에서 가장 많은 사용자를 보유한 포털 사이트이며, 구글은 전 세계에서 가장 많은 사용자를 보유한 포털 사이트이다.

포털 사이트는 인터넷의 발전과 함께 급속도로 성장해 왔으며, 포털 사이트는 인터넷의 발전을 촉진하고, 인터넷의 영향력을 확대하는 데 중요한 역할을 했다.

앞으로도 포털 사이트는 다양한 기능과 서비스를 제공하며, 우리 삶에 인터넷을 통해 다양한 정보를 제공하고, 사용자를 연결하는 역할을 하는 포털 플랫폼은 크게 검색, 뉴스, 쇼핑, 콘텐츠 등 다양한 분야에서 활용되고 있다. 여기에 포털 플랫폼은 사용자의 삶을 보다 편리하고 풍요롭게 만드는 데 중요한 역할을 하고 있다. 앞으로도 포털 플랫폼은 다양한 기능과 서비스를 제공하여 사용자의 삶을 더욱 풍요롭게 만드는 데 기여할 것이다.

(1) 포털 플랫폼의 주요 기능

인터넷에서 다양한 정보 제공과 상호작용, 새로운 가치창출을 통해 포털 플랫폼은 사용자의 삶을 보다 편리하고 풍요롭게 만드는 데 중요한 역할을 하고 있다.

① 정보 제공: 인터넷에서 다양한 정보를 제공
② 사용자 연결: 사용자를 연결하고, 상호 작용을 촉진
③ 새로운 가치 창출: 공급자와 수요자를 연결하여 새로운 가치를 창출

(2) 포털 플랫폼의 대표적인 사례

① 검색 포털: 네이버, 구글, 다음
② 뉴스 포털: 네이버, 다음, 조선일보, 중앙일보, 동아일보
③ 쇼핑 포털: 네이버쇼핑, 11번가, G마켓, 옥션
④ 콘텐츠 포털: 네이버, 다음, 유튜브, 넷플릭스

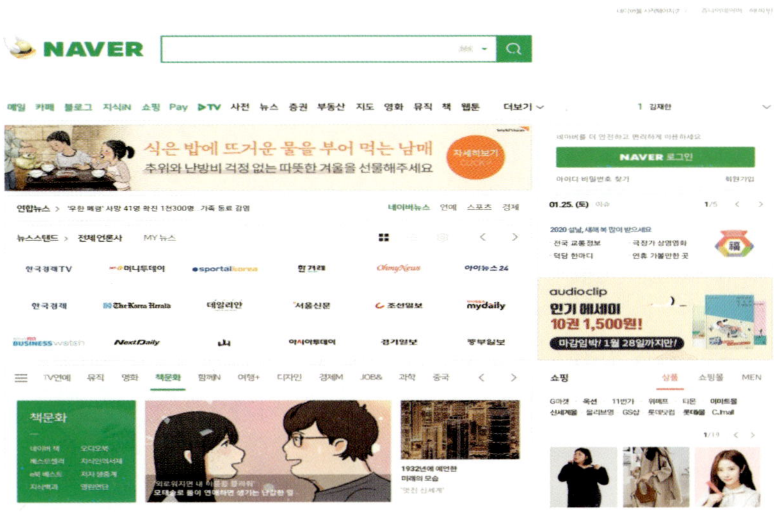

[그림 12-1] 네이버

2. SNS 커뮤니케이션 전략

SNS 플랫폼은 Social Network Service의 약자로, 누리소통망이라고도 하며, 사용자들 간의 연결과 상호 작용을 촉진하는 플랫폼이다. 소셜 네트워크 서비스(SNS)는 공통된 관심이나 활동을 하는 사람들 사이에 관계망을 구축하여 정보를 공유할 수 있도록 제공되는 인터넷을 기반으로 하여, 좀 더 발전한 온라인 서비스 커뮤니케이션으로 볼 수 있다.

공식적인 매체뿐만 아니라 개인 매체가 많아짐으로써 사람들은 좀 더 자신을 드러내기를 좋아하는 개인주의 성향이 두드러지고, MZ 세대와 현대사회를 살아가는 데 사람들과 의견을 쉽고 자유롭게 공유하였다. 또한 세계화의 특징에 맞게 시공간을 초월하여 정보를 주고받기도 하였다. 이처럼 현 사회는 한 국가에서만

국한된 것이 아니라 세계화되어 인간 사회의 범위가 보다 더 넓어진 것을 알 수 있다.

1) SNS 플랫폼

SNS는 크게 인맥형성, 정보공유, 여론형성 등의 기능을 가지고 있으며, SNS의 대표적인 예로는 페이스북, 인스타그램, 트위터, 카카오톡 등이 있다.

- 인맥형성 기능은 SNS의 가장 기본적인 기능으로, 사용자들이 서로 친구를 맺고 관계를 맺을 수 있도록 한다.
- 정보공유 기능은 사용자들이 개인의 일상, 관심사, 정치, 사회, 문화 등 다양한 정보를 공유할 수 있도록 한다.
- 여론형성 기능은 SNS를 통해 사용자들이 다양한 의견을 공유하고, 이를 통해 여론을 형성할 수 있도록 한다.

(1) SNS 플랫폼의 특징

① 사용자 간의 연결을 촉진하고 증가시킨다. SNS 플랫폼은 사용자가 서로 연결하고, 정보를 공유하고, 의견을 교환할 수 있도록 함으로, 이를 통해 사용자가 서로 연결되고, 공동체 의식을 형성할 수 있다.

② 상호 작용을 촉진하고 증가시킨다. SNS 플랫폼은 사용자가 서로 상호 작용할 수 있도록 다양한 기능을 제공한다. 예를 들어, 댓글, 좋아요, 공유 기능을 통해 사용자가 서로 의견을 나누고, 정보를 공유할 수 있다.

③ 새로운 가치를 창출하고 증진시키다. SNS 플랫폼은 사용자 간의 연결과 상호 작용을 통해 새로운 가치를 창출할 수 있다. 예를 들어, SNS 플랫폼은

사용자들에게 새로운 정보를 제공하고, 소통의 기회를 제공하며, 새로운 공동체를 형성할 수 있다.

④ 비즈니스 활용과 증진시킨다. SNS 플랫폼은 기업들이 마케팅, 고객 관리, 홍보 등에 활용할 수 있다.

(2) SNS 플랫폼의 단점

SNS 플랫폼은 사용자들이 서로 공유하는 정보가 사실과 다를 수 있기 때문에 정보 왜곡 가능성이 있다. SNS 플랫폼은 사용자의 정보를 수집하고 분석하기 때문에 개인 정보 보호 문제가 발생할 수 있다. 또한, SNS 플랫폼은 사용자들에게 중독성을 유발할 수 있다. 그러므로 SNS 플랫폼을 이용할 때는 정보 왜곡 가능성, 개인 정보 보호 문제, 중독성 등의 단점에 유의해야 할 것이다.

(3) SNS 플랫폼의 활용 분야

① 카카오톡

카카오톡은 사람들이 일반 메시지를 대체하여 쉽고 빠르게 보내기 위한 수단이다. 사람들이 기본 메시지보다 카카오톡을 사용하는 이유는 사진이나 동영상을

빠르게 전달할 수 있고 여러 사람과 대화하는 것이 쉽기 때문이다. 또한 카카오톡을 사용하면 자신의 문자를 읽었는지 안 읽었는지 확인이 가능하기 때문에 연락이 없을 때 봤는지 안 봤는지 확인이 안 됨으로 인한 시간 낭비를 줄일 수 있다.

그리고 카카오톡을 통해 유료 요금 없이 통화나 영상통화가 가능하기 때문에 사람들이 많이 애용하는 편이다. 일반 통화나 영상통화와 비슷한 화질로 전송되기 때문에 불편함이 거의 없는 편이다.

또한 그룹 채팅이 활성화되어 있어 그룹 채팅방에서 일정 관리나 투표 기능을 활용해 의견을 쉽게 얘기할 수 있다. 하지만 일일이 누가 읽었는지 한 명 한 명 확인이 안 되기 때문에 읽고 나서 대답을 안 하는 경우도 빈번히 발생한다. 이로 인해 오해가 생기고 사람들 간의 갈등이 생기기도 한다.

그래도 장점이 훨씬 많기 때문에 카카오톡은 이제 우리에게 대표적인 메시지 전달 수단으로 자리 잡았다. 카카오톡은 사람들에게 더 편리한 기능을 제공하기 위해 다양한 기능을 만들어 나가고 있다. 예를 들면, 카카오톡으로 선물을 전달하기도 하고 송금 기능, 영화표 예매 기능 등 우리 생활에 밀접한 기능을 첨가하고 있다.

카카오톡 외에도 라인, 텔레그램 등의 메시지 전달 수단이 있다. 이에 따라 앞으로 메시지 전달 수단이 점점 더 많아져 우리에게 더 편리한 기능을 제공할 것이라 생각한다.

이와 같은 메시지 전달 수단을 사용할 때 사람들은 ㅋㅋ, ㅎㅎ처럼 글자로 자신의 감정을 표현하기도 하고 글자 대신 그림 이모티콘을 활용하여 압축적으로 자신의 감정 및 내용을 표현하기도 한다. 그래서 단순하게 정보나 내용을 전달하는 것에 초점을 맞추는 것이 아니라 좀 더 편안한 분위기 속에서 사람들에게 자신의 의견을 표현하는 것이 특징이라 말할 수 있다. 하지만 이와 같은 표현은 상황에 맞게 제대로 써야 할 것이다. 만약 자신보다 나이가 많은 상대이거나 공식적인 그룹 채팅방에서 이와 같은 단순한 이모티콘이나 문자 이모티콘을 사용할 경우 상대방에게 불쾌감을 줄 수 있다. 그래서 상황에 따라 다르게 활용하는 것이 바람직하다.

② 페이스북

페이스북은 마크 저커버그(Mark ZucKerberg)가 2004년에 설립한 소셜 미디어 플랫폼으로 전 세계적으로 29억 명 이상의 사용자를 보유하고 있으며, 가장 인기 있는 소셜 미디어 플랫폼 중 하나라고 볼 수 있다. 페이스북은 사용자들이 서로 연결하고, 정보를 공유하고, 의견을 교환할 수 있도록 하는 대표적 플랫폼이다.

㉠ 페이스북의 주요 기능

- 친구 목록: 페이스북 사용자는 서로를 친구로 추가하여 소통
- 뉴스피드: 페이스북 사용자는 친구들의 게시물, 그룹의 게시물, 페이지의 게시물 등을 뉴스피드에서 확인 가능
- 게시물: 페이스북 사용자는 게시물을 작성하여 친구들과 정보를 공유
- 그룹: 페이스북 사용자는 관심사에 따라 그룹을 만들거나 가입하여 소통
- 페이지: 페이스북 사용자는 비즈니스, 단체, 유명인 등과 같은 페이지를 팔로우하여 정보를 확인

㉡ 활용분야

페이스북은 소셜 커뮤니케이션, 비즈니스 마케팅, 정치 활동 등 다양한 부분에서 활용이 되고 있고, 우리 삶에 큰 영향을 미치는 플랫폼이다.

③ 인스타그램

인스타그램은 2010년에 설립된 사진과 동영상을 공유할 수 있도록 하는 소셜 미디어 플랫폼이다. 인스타그램은 전 세계적으로 10억 명 이상의 사용자를 보유하고 있으며, 가장 인기 있는 소셜 미디어 플랫폼 중 하나로 사진을 중심으로 한 커뮤니케이션이 특징이다.

㉠ 인스타그램 주요기능

- 사진과 동영상 공유: 인스타그램 사용자는 사진과 동영상을 촬영하거나, 앨범에서 가져와 공유
- 좋아요와 댓글: 인스타그램 사용자는 다른 사용자의 게시물에 좋아요와 댓글
- 팔로우와 팔로워: 인스타그램 사용자는 서로를 팔로우하여 게시물을 확인
- 해시태그: 인스타그램 사용자는 게시물에 해시태그를 사용하여 다른 사용자와 연결

㉡ 활용분야

인스타그램은 다양한 분야에서 활용되고 있으며, 소셜 커뮤니케이션, 비즈니스 마케팅, 예술과 문화 등 활용분야를 통해 인스타그램은 우리 삶에 큰 영향을 미치는 플랫폼으로 활용되고 있다.

㉢ 특징

- 사진과 동영상 중심의 플랫폼: 인스타그램은 사진과 동영상을 중심으로 사용자는 사진과 동영상을 촬영하거나, 앨범에서 가져와 공유할 수 있다.
- 비주얼 중심의 플랫폼: 인스타그램은 비주얼 중심의 플랫폼으로, 게시

물은 사진과 동영상으로 이루어져 있으며, 사용자들은 비주얼을 통해 정보를 전달하고, 소통한다.

- 간편한 사용: 인스타그램은 간편한 사용이 특징으로 사진과 동영상을 촬영하고, 공유하는 과정이 간편하다.

인스타그램은 사용자들이 자신의 일상을 기록하고, 다른 사람들과 소통할 수 있는 새로운 방법을 제공하고 있다. 글자보다는 사진으로 보기 쉽게 표현할 수 있어 사람들이 좋아한다. 기존 SNS는 글자를 중심으로 표현했다면 좀 더 빠르고 간략함을 좋아하는 사람들의 성향을 겨냥해 사진을 중심으로 SNS을 운영하도록 하였다.

그리고 태그 방식을 이용해 자신이 전달하고 싶은 내용을 압축적으로 표현해 태그만으로 자신이 찾고 싶은 정보를 쉽게 찾을 수 있는 것이 또 하나의 특징이다. 기존 SNS는 사람을 중심으로 정보를 얻었다면 인스타그램은 정보를 중심으로 좀 더 쉽게 내용을 교류할 수 있다. 그래서 사람들은 정보를 얻기 위해 인터넷을 검색하는 것보다 인스타그램을 활용하여 정보를 쉽게 얻기도 하며 시각적인 사진이 바로 보이기 때문에 사람들이 많이 애용하고 있다.

④ 유튜브

유튜브는 구글이 운영하는 동영상 공유 플랫폼으로, 전 세계적으로 20억 명 이상의 사용자를 보유하고 있으며, 가장 인기 있는 동영상 공유 플랫폼이다.

㉠ 유튜브의 주요 기능

- 동영상 시청: 유튜브 사용자는 다양한 주제의 동영상을 시청할 수 있다.
- 동영상 공유: 유튜브 사용자는 직접 촬영한 동영상이나, 다른 사용자의 동영상을 공유할 수 있다.
- 댓글과 좋아요: 유튜브 사용자는 동영상에 댓글을 달거나, 좋아요를 표

시할 수 있다.

- 구독과 구독자: 유튜브 사용자는 서로를 구독하여 동영상을 확인할 수 있다.

㉡ 활용분야

- 교육: 유튜브는 교육 콘텐츠를 제공하여, 사용자들이 스스로 공부할 수 있도록 지원한다.
- 엔터테인먼트: 유튜브는 다양한 엔터테인먼트 콘텐츠를 제공하여, 사용자들에게 즐거움을 선사한다.
- 정보 전달: 유튜브는 뉴스, 시사, 스포츠 등 다양한 정보 콘텐츠를 제공하여, 사용자들이 최신 정보를 얻을 수 있도록 한다.

㉢ 특징

- 동영상 중심의 플랫폼: 유튜브는 동영상 중심의 플랫폼 사용자는 다양한 주제의 동영상을 시청하고, 공유할 수 있다.
- 글로벌 플랫폼: 유튜브는 전 세계적으로 많은 사용자를 보유하고 있는 글로벌 플랫폼이다.
- 개인화된 추천: 유튜브는 사용자의 시청 기록을 기반으로 개인화된 추천을 제공한다.

Worksheet

1. 소셜 네트워크 서비스 커뮤니케이션의 활용분야에 대한 성공사례에 대해서 공유하고, 성공적인 활용을 위한 전략을 만드시오.

2. 소셜 네트워크 서비스 커뮤니케이션의 효과적인 활용전략에 대해 공유해 보시오.

3. AI시대 커뮤니케이션 플랫폼

코로나 이전과 코로나 이후 우리의 삶에서 가장 빠른 변화를 보이고 있는 것 중 하나는 AI시대의 커뮤니케이션 플랫폼일 것이다. 기존의 커뮤니케이션 플랫폼과는 좀 다른 차별화된 특징이 무엇일까를 생각해 본다면 AI 플랫폼은 데이터와 알고리즘을 기반으로 한다는 것이다.

1) AI시대 커뮤니케이션 플랫폼의 특징

(1) 개인화된 소통

AI 커뮤니케이션 플랫폼은 사용자의 데이터를 분석하여 니즈를 파악하고, 이에 맞는 서비스를 제공한다는 점이다. AI는 데이터를 학습하고, 알고리즘을 통해 의사 결정을 내리는 기술이다. 따라서 AI 플랫폼은 데이터와 알고리즘을 기반으로 사용자에게 맞춤형 서비스를 제공할 수 있다.

(2) 실시간 소통

AI 플랫폼은 실시간으로 정보를 처리하고 분석이 가능하며, AI는 대규모의 데이터를 빠르게 처리하고 분석할 수 있다. 따라서 AI 플랫폼은 실시간으로 정보를 처리하고 분석하여 사용자에게 최신 정보를 제공할 수 있다.

(3) 자동화된 고객 서비스

AI 플랫폼은 자동화된 프로세스를 통해 효율성을 높인다. AI는 자동화된 프로세스를 통해 업무를 효율적으로 처리할 수 있기 때문에 AI 플랫폼은 사용자의 편의성을 높이고, 비용을 절감할 수 있다. 예를 들어, AI 커뮤니케이션 플랫폼은 고객의 문의에 24시간 365일 자동으로 응답하거나, 고객의 불만을 해결할 수 있을 것이다.

2) AI시대 커뮤니케이션 플랫폼 사례

(1) AI 챗봇

AI 챗봇은 사용자의 질문에 대답하거나, 사용자의 요청을 처리하는 챗봇이다. AI 챗봇은 사용자의 니즈를 파악하고, 이에 맞는 서비스를 제공할 수 있다. 또한, AI 챗봇은 실시간으로 소통을 지원할 수 있으며, 자동화된 프로세스를 통해 효율성을 높일 수 있다.

(2) AI 번역

AI 번역은 인공지능 기술을 기반으로 언어를 번역하는 기술이다. AI 번역은 사용자의 언어 장벽을 해소하여, 전 세계의 사람들과 소통할 수 있도록 돕는다.

(3) AI 가상현실

AI 가상현실은 인공지능 기술을 기반으로 가상현실을 구현하는 기술이다. AI 가상현실은 사용자에게 새로운 경험을 제공하고, 소통의 새로운 방식을 제시한다.

AI시대의 커뮤니케이션 플랫폼은 아직 초기 단계에 있지만, 빠르게 발전하고 있다. 앞으로 AI 커뮤니케이션 플랫폼은 우리 삶의 모든 영역에 영향을 미칠 것으로 예상된다.

Worksheet

1. AI시대 커뮤니케이션 유용한 도구들의 종류와 활용 방법에 대해 공유하시오.

2. AI시대 커뮤니케이션 플랫폼에서 지켜야 할 윤리성에 대해서 이야기 나눠 보시오.

♡ 유대인 어머니 편지 ♡

유대인 어머니들은 결혼을 앞둔
적당한 때에 결혼할 딸에게
다음과 같은 편지를 써서
보낸다고 합니다.

사랑하는 딸아!
네가 남편을 왕처럼 섬긴다면
너는 여왕이 될 것이다.

만약 남편을 돈이나 벌어 오는
하인으로 여긴다면 너는 하녀가 될 뿐이다.

네가 지나친 자존심과 고집으로 남편을 무시하면
그는 폭력으로 너를 다스릴 것이다.

만일 남편의 친구나 가족이
방문하거든 밝은 표정으로 정성껏 대접하라.
그러면 남편이 너를 소중한 보석으로 여길 것이다.

항상 가정에 마음을 두고 남편을 공경하라.
그러면 그가 네 머리에 영광의 관을 씌워 줄 것이다.
가정의 기둥은 부부다.

“대화와 이해”라는 두 개의 창문이 있어야 세상을 바라볼 수가 있다.

또 “보호”라는 울타리와 “봉사”라는 대문을 잘 사용해야 한다.

행복은 멀리 있는 것이 아니고
행복하기 위해 많은 수고가 필요한 것도 아니다.

행복한 부부는 서로를 격려하지만
불행한 부부는 서로를 공격하고 무시한다.
이기심과 무관심이 가정의 행복을 앗아 간다.

나이가 들수록 일과 수입은 적지만
노는 일과 소비는 클 것이다.

자식들을 출가시킨 후 부부는 함께
여생을 보내야 하는데 서로를 배려하지 않고는 결단코 행복한 인생이 될 수가 없다.

노년이 되어도 다투는 이유는
대부분 상대가 절실하게 원하는 것이 무엇인지를 알지 못하는 데 기인한다.

사람은 나이가 아무리 들어도 꿈을 품고 산다.
이 꿈을 이루는 것이 "인생의 목표"이기도 하다.

참 지혜와 아름다운 교훈을 전해 주는
어머니의 편지입니다.

참/고/문/헌

강길호, 김현주(2003). **커뮤니케이션과 인간**. 서울: 한나래.

강성범, 정수용(2017). **비즈니스 문서 작성의 기술**. 서울: 영진닷컴.

경향신문(2014.12.27.). "집에 벌레가 하나 사는데". 세스코 우문현답.

공병호(2001). **자기경영 노트**. 서울: 21세기북스.

교육부.(2014). 비서 NCS 학습모듈.

김남현, 김정원, 류태모, 박봉규, 송경수(1999). **조직행동론**. 서울: 진영사.

김미숙 외(2010). **초등국어 개념사전**. 경기: 북이십일 아울북.

김은경, 송기인(2014). **감성과 신뢰의 스피치기법**. 서울: 커뮤니케이션북스.

김정일(1998). **성격대로 살아가기**. 서울: 푸른숲.

김진철, 윤관호, 이임정(2006). **보보의 인간관계론**. 서울: 청람.

김현기, 김연희, 문권모(2010). **리더십 사용설명서**. 서울: 원앤원북스.

김호정(2011). 갈등유형과 갈등관리방식의 관계: 교육행정직 공무원을 대상으로. **한국조직학보회, 8**(2), 111-140.

나은영(2010). 한국인의 가치관 변화추이: 1979년, 1998년 및 2010년의 조사 결과 비교. **한국심리학회지 사회 및 성격, 24**(4), 63-93.

나은영(2015). **인간 커뮤니케이션과 미디어**. 서울: 한나래.

나인표, 이홍, 전상길(2004). 리더-하위자 관계 발전단계와 관계행동 및 태도에 관한 연구. **리더십연구**, 1, 189-220.

넥스트데일리(2016). 협상의 기술.

동아일보(2016.02.24.). 성공의 열쇠인 대인관계……깊이보다 넓이가 중요.

동아일보(2017.06.13.). 회사 위해? 나를 위해 맘껏 일해 보세요.

동아일보(2017.09.04.). 작가의 일과.

동양일보(2016.06.08.). 풍향계-갈등관리시대의 리더십 〈신기원〉.

동시아(2009). **피터 드러커의 경영 블로그**. [德鲁克部落格] (김수연 역). 서울: 미다스북스 (원저출간: 2009).

매경이코노미(2016.05.18.). 레스터시티 우승에서 배우는 역습의 경영전략.

머니투데이(2013.02.06.). 팀워크 구축의 네 가지 비결.

문화체육관광부(2013). 한국인의 의식 가치관 보고서. 한국 리서치.

민도식(2008). 자기경영콘서트. 서울: 북포스.

민형종, 송계충(2010), 정부계약협상가의 협상전략과 협상성과의 관계: 협상가의 감성지능의 조절효과. 경영경제연구, 22(1), 3-38.

박원우(2004). 임파워먼트 실천 매뉴얼(p.211). 서울: 시그마컨설팅그룹.

박한호 외(2019). AI시대 휴먼커뮤니케이션. 동남길.

백종현(2004). 철학의 주요개념. 서울: 서울대학교 철학사상 연구소.

세계일보(2016.03.03.). 당신의 창의력을 높이는 5가지 방법.

신인철(2007). 팔로워십, 리더를 만드는 힘. 서울: 한스미디어.

심윤섭(2013). 리더십의 또 다른 얼굴, 팔로워십. 서울: 예문당.

예지은, 진현, 정지은, 조현국(2009). “BRAVO Generation”신세대 직장인을 말하다. 서울: 삼성경제연구소.

예지은, 진현, 조현국, 이상우, 정지은(2011). 신세대의 특성과 조직관리 방안. 서울: 삼성경제연구소.

오미영, 정인숙(2005). 커뮤니케이션 핵심 이론. 서울: 커뮤니케이션북스.

유종연(2012). 보고서 작성과 보고 불변의 법칙. 서울: 미래와경영.

윤대혁(1999). 인간관계론. 서울: 무역경영사.

윤대혁(2010). 인간관계와 커뮤니케이션. 서울: 탑북스.

윤정헌(2001). 호텔기업 종업원의 팀웍이 조직몰입에 미치는 영향에 관한 연구. 산업경제연구, 14(4), 239-255.

이경우, 김경희(2007). 커뮤니케이션과 대인관계. 서울: 역락.

이상민(2011). 고객만족경영 실전바이블. 서울: 랜덤하우스코리아.

이영돈(2013). 텔레비전 프로그램 기법. 서울: 커뮤니케이션북스.

이재희(2016). 비즈니스커뮤니케이션. 서울: 한올출판사.

이재희, 박효성, 이보람(2017). 프레젠테이션 전략. 경기: 양성원.

이재희, 임영수, 이채은, 이지현, 김경진(2016). 대인관계능력. 경기: 양성원.

이재희, 조연정, 박선아, 윤민애, 허영숙(2017). 리더스 커뮤니케이션. 경기: 양성원.

이재희, 조연정, 박선아, 윤민애, 허영숙(2018). 리더스 커뮤니케이션. 경기: 양성원.

이재희, 최인희(2016). 비즈니스 커뮤니케이션(2판). 서울: 한올출판사.

이정환, 박성훈, 박남규(2010). 한 장 보고서의 달인이 되라. 서울: 아이크리에이트.

이종건, 박헌준(2004). 협상전략이 협상성과에 미치는 영향. 조직과 인사관리연구, 28(2), 95-129.

이지성(2005). **18시간 몰입의 법칙**. 서울: 맑은소리.

임성은(2015). **자신과 타인의 이해**. 서울: 한올출판사.

임성은(2017). **CS관리실무**. 경기: 양성원.

임창희(2006). **조직행동**(3판). 서울: 학현사.

임창희, 홍용기(2010) **비즈니스 커뮤니케이션**. 서울: 청람.

잡코리아(2016). 직장인 10명 중 9명 '직장 세대차이' 느낀다.

장은주, 송현정(2016). **의사소통의 이해와 실제**. 서울: 청람.

장하용, 김연주(2013). 조직원의 성격유형에 따른 갈등관리방식의 차이가 조직커뮤니케이션 만족에 미치는 영향에 관한 연구. **한국언론정보학보**, 62(여름), 95-118.

정민주, 장대성(2012). 항공사 객실승무원의 개인적 감성능력과 사회적 감성능력이 팀워크 역량에 미치는 영향에 관한 연구. **한국항공학회논문지**, 16(2), 318-329.

정선균(2020). **노동행정법**(제5판). 서울: 필통북스.

정주영(2009). **시련은 있어도 실패는 없다**. 서울: 제삼기획.

조선일보(2017.09.09.). 헨리 밀러의 창작비결.

조선일보 위클리 비즈(2016.02.27.). 정해진 틀 없이 문제 해결해 가는……여러 전문가의 효과적인 협업 '빅티밍'이 중요해진 시대.

조현국, 이병하, 강우란, 엄동욱, 예지은, 진현, 안병욱(2011). **워크스마트 실천전략 연구**. 서울: 삼성경제연구소.

최병권, 정재식(2015). **당신은 최고의 멘토입니까**. 서울: 새로운제안.

최중락(2016). **경영조직 기본강의**. 서울: 상경사.

최중락(2016). **인사관리 기본강의**(제6판). 서울: 상경사.

최중락(2019). **경영조직 연습수험 경영조직의 실전적용**(개정3판). 서울: 샘앤북스.

최중락(2019). **인사관리연습**. 서울: 샘앤북스.

한국문학평론가협회(2006). **문학비평용어사전**. 서울: 국학자료원.

한국청소년연맹(2001). **인간관계훈련의 이론과 실제**. 서울: 양서원.

한덕웅(2003). 한국인의 인생관으로 본 가치관의 변화: 30년간 비교. **한국심리학회지 사회 및 성격**, 17(1), 49-67.

한봉주(2014). **어떻게 자신을 변화시킬 것인가**. 서울: 미래지식.

한상엽(2005). 리더의 성공, 팔로워십에 달려 있다. LG주간경제 818호.

허성도(1995). **도시를 걷는 낙타 2**. (p. 62). 서울: 사람과 책.

홍용기(2007). **인적자원관리**(2판). 서울: 형설출판사.

홍용기(2008). **인간관계론**. 서울: 한올출판사.

홍용기 외(2001). 비즈니스 커뮤니케이션. 서울: 한올출판사.

稲盛和夫(2010). 왜 일하는가. [働き方] (신정길 역). 서울: 서돌(원저출간: 2009).

齋藤孝(2003). 질문의 힘. (남승효 역). 서울: 루비박스.

照屋華子, 岡田恵子(2002). 로지컬 씽킹. [ロジカル・シンキング : 論理的な思考と構成のスキル] (김영철 역). 서울: 일빛(원저출간: 2001).

Baron, R. A. (1991). Positive Effect of Conflict: A Cognitive Perspective. *Employee Responsibilities and Rights Journal, 4*(1), 25-36.

Bennet, E. A. (1997). (한 권으로 읽는) 융. [What Jung really said] (김형섭 역). 서울: 푸른숲(원저출간: 1966).

Bernard, S. C. (2007). 다큐멘터리 스토리텔링. [Documentary Storytelling] (양기석 역). 서울: 커뮤니케이션북스(원저출간: 2004).

Brock, V. G. (2015). 코칭의 역사. [Sourcebook of coaching history] (김경화 외 역). 서울: 코쿱북스(원저출간: 2012).

Brown, L. D. (1983). *Managing Conflict at Organizational Interfaces, Reading.* Mass: Addison Wesley Publishing Co.

BLOTER 뉴스(2019.11.11.). "방통위, AI 윤리 원칙 발표..." 사람 중심, 투명성, 차별금지.

Canavor, N. & Meirowitz, C. (2013). 비즈니스 글쓰기의 모든 것. [Truth about the new rules of business writing] (박정준 역). 서울: 다른(원저출간: 2009).

CBS 노컷뉴스(2016.06.15.). 삼성카드, 24시간 365일 Talk 상담 서비스.

Cialdini, R. B. (2005). 설득의 심리학. [Influence: science and practice] (이현우 역). 서울: 21세기북스(원저출간: 1984).

Covey, S. R. (1996). 성공하는 사람들의 7가지 습관. [Habits of highly effective people] (김경섭, 김원섭 역) (pp. 256-275). 서울: 김영사(원저출간: 1989).

Daft, R. L. & Lengel, R. H. (2003). 퓨전리더십. [Fusion leadership] (백기복, 신제구 역). 서울: 한언(원저출간: 1998).

Day, D. V., Fleenor, J. W., Atwater, L. E.,Sturm, R. E., & McKee, R. A. (2014). Advances in leader and leadership development: A review of 25 years of research and theory. *Leadership Quarterly, 25,* 63-82.

Drafte, M. W., & Kossen, S. (1998). *The Human side of Organizations* (7th ed.). New York: Addison Wesley.

Farrell, J. D. & Weaver, R. G. (2004). 우리가 열광하는 관리자: 퍼실리 테이터.

[Managers as facilitators] (송경근 역). 서울: 한언(원저출간: 1997).

Fiske, S. T. & Taylor, S. E. (1992). **사회인지론.** [Social cognition] (박오수 역). 서울: 법문사(원저출간: 1985).

Flaum, J. A. (2011). **변화는 종이물고기도 헤엄치게 한다.** [How the paper fish learned to swim] (유영만 역) (pp. 10-11). 서울: 한국경제신문 한경BP(원저출간: 2007).

Global Challenge Insight Report(2016. Jan.). The Future of Jobs: Employment, Skills and Workforce Strategy for the Fourth Industrial Revolution. World Economic Forum, core work-related skills.

Gray, J. & Annis, B. (2015). **직장에서 만난 화성남자 금성여자.** [Work with me : the 8 blind spots between men and women in business] (나선숙 역). 서울: 더난출판(원저출간: 2013).

Greene, R. (1998). *Power of the 48 laws.* New York: Penguin Books.

Greenleaf, R. K. (2006). **서번트 리더십 원전.** [Servant leadership] (강주헌 역). 서울: 참솔(원저출간: 2001).

Hall, R. H. (1996). *Organizations* (6th ed.). New Jersey: Prentice Hall.

Hansen, M. T. (2011). **협업.** [Collaboration] (이장원, 김대환, 안정호 역) (pp. 192-214). 경기: 교보문고(원저출간: 2009).

Holand, W. E. D. (2004). **지금 당장 변해야 산다.** [Change is the rule] (김은정 역). 서울: 경성라인(원저출간: 2000).

Hutchens, D. (2002). **레밍 딜레마.** [Lemming dilemma: living with purpose, leading with vision] (김철인 역). 서울: 바다출판사(원저출간: 2000).

Kelly, R. E. (1992). *The Power of followership: How to create leaders people want follow and followers who lead themselves.* New York: Doubleday Currency.

Kotter, J. P. (1990). *A Force for Change: How Leadership Differs From Management (pp.* 3-8). New York: Free Press.

Lax, D. A., James K., & Sebenius, J. K. (1986). *The manager and Negotiator: Bargaining for Cooperation and Competitive gain.* New York: Free Press, (Also published in Czech, French, Italian, and Spanish editions.).

Leakey, R. E. & Lewin, R. (1993). **오리진.** [Origins] (김광억 역). 서울: 학원사(원저출간: 1992).

Lewin, K. (1948). *Resolving social conflicts; selected papers on group dynamics. Gertrude W. Lewin* (Ed.). New York: Harper & Row.

LG경제연구원(2011). 2020 새로운 미래가 온다. 서울: 한스미디어.

Lloyd, K. L. (2009). 매력 있는 팀장은 피드백이 다르다. [151 quick ideas to recognize and reward employees] (이민주 역). 서울: 토네이도.

Luthans, F. (1992). *Organizational Behavior* (6th ed.). New York: MaGRAW-Hill.

Manning, P. K. (1992). *Organizational Communication*. New York: Aldine De gruyter.

Manz, C. C. & Sims, H. P. (2002). 슈퍼리더십. [New super-leadership] (김남현 역). 서울: 경문사(원저출간: 2001).

Mcshane, S. L., & Von Glinow, M. A. (2005). *Organizations* (3th ed.). New York: MaGRAW-Hill.

Morgan, G. (1989). *Creative Organization Theory*. London: SAGE Pub.

Morris, D. (1994). 맨워칭. [Manwatching] (과학세대 역). 서울: 까치(원저출간: 1977).

Morris, D. (1996). 머리 기른 원숭이. [Human animal] (황현숙 역). 서울: 까치(원저출간: 1994).

Morris, D. (2001). 털없는 원숭이. [Naked ape] (김석희 역). 서울: 정신세계사(원저출간: 1967).

Myers, D. G. (1995). *Psychology* (4th ed.). New York: Worth.

Northouse, P. G. (2013). 리더십 이론과 실제(6판). [Leadership] (김남현 역). 서울: 경문사(원저출간: 2012).

Rahim, M. A. (1992). *Managing conflict in Organizations* (2nd ed.). Connecticut: Praeger Publishers.

Riggio, R. E. & Lipman-Blumen, J. (2014). 팔로워십론. [Art of followership] (강정애, 이상호 역). 서울: 시그마프레스(원저출간: 2008).

Robbins, S. P. (2003). *Organizational Behavior* (10th ed.). New Jersey: Prentice Hall.

Schein, E. H. (1987). *Organizational Culture and Leadership*. San Francisco: Jossey-Bass Pub.

Scott, W. R. (1987). *Organizations* (2nd ed.). Englewood Cliffs, NJ: Prentice Hall International, Inc.

Severin, W. J. & Tankard, J. W. (2004). 커뮤니케이션 이론. [Communication theories](박찬일, 강형철, 안민호 역). 서울: 나남(원저출간: 2001).

Smith, P. (2013). 스토리로 리드하라. [Lead with a story] (김용성 역) (pp.58-60). 서울: IGM세계경영연구원(원저출간: 2012).

Stephen, P. R. (1995). 조직행동론. [Essentials of organizational behavior] (김남현 역). 서

울: 경문사(원저출간: 1984).

Thompson, L. (2001). *The mind heart of the negotiation* (2nd ed.). New Jersey: Prentice Hall.

Walumbwa, F. O., Avolio, B. J., Gardner, W. L., Wernsing, T. S., & Peterson, S. J. (2008). Authentic leadership: Development and validation of a theory-based measure. *Journal of Management, 34*(1), 89-126.

Weingart, L. R., Thompson, L. L., Bazerman, M. H., & Carroll, J. S. (1990), Tactical Behavior and Negotiation Outcomes. *International Journal of Conflict Management, 1,* 7-31.

Whitmore, J. (2007). **성과향상을 위한 코칭리더십.** [Coaching for performance] (김영순 역). 서울: 김영사(원저출간: 1992).

http://100.daum.net/encyclopedia/view/43XXXXX00048

http://blog.naver.com/anasenc/130046814745

http://blog.naver.com/iris712/20007737468

http://blog.naver.com/ryan_jj/221091323570,

http://dic.daum.net/word/view.do?wordid=kkw000014718&supid=kku000020555

http://news.naver.com/main/read.nhn?oid=079&aid=0003002196

http://safenews.co.kr/n_news/news/view.html?no=25159

http://terms.naver.com/entry.nhn?docId=5673619&cid=62841&categoryId=62841

http://www.ciokorea.com/news/18516

https://blog.naver.com/0163955867/221504537197

https://terms.naver.com/

국가직무능력표준 홈페이지(http://www.ncs.go.kr). 한국산업인력공단. NCS 대인관계능력 학습모듈. 직업기초능력 대인관계능력 학습자용 워크북.

https://namu.wiki/w/%EC%97%90%EB%8B%88%EC%96%B4%EA%B7%B8%EB%9E%A8

www.assesta.com

찾/아/보/기

저 / 자 / 소 / 개

■ **임성은**

서강대학교 언론학 석사
숭실대학교 경영학 박사
현) 극동대학교 미래교양대학 교수
극동대학교 시니어복지상담학과 교수
극동대학교 진로상담센터 주임교수
한국사이버평생교육원 생활예절 운영교수
서울시 기술연수원 공무출장 심사위원
강남신보 편집장

AI시대 소통의 기술

1판 1쇄 인쇄 — 2024년 2월 21일
1판 1쇄 발행 — 2024년 2월 26일

저　　자 - 임성은
발 행 인 - 강철원
발 행 처 - 양성원
주　　소 - 경기도 파주시 검산로 173번길 29-12
전　　화 - 031-946-3861(代)
팩　　스 - 031-946-3864
이 메 일 - tnwpub@naver.com
홈페이지 - tnwpub.co.kr
출판등록 - 2015년 8월 31일 제2015-000211호

ISBN 979-11-6126-491-2

정가 20,000원